보통사람
성공법칙

빈익빈 부익부, 벼랑으로 내몰리고 있는 보통사람들의 삶을
'건강' '행복' '자기혁신'으로 이끌어 줄 실용성공학 지침서!

보통사람
성공법칙

보통사람 성공법칙 연구소장
이두용 지음

"보통사람을 위한 실용성공학 지침서!"

STEP 1
건강
플랫폼

STEP 2
행복
플랫폼

STEP 3
자기혁신
플랫폼

좋은땅

『보통사람 성공법칙』이란 책을 내면서

좀 더 건강하고 행복하며, 하고 싶은 일을 하면서 경제적인 안정된 삶을 살고 싶지만, 뜻대로 잘 안 되는 우리의 많은 이웃이 있다. 건강하고 행복하면서 성공적인 삶을 살아가기 위해선 꼭 필요한 재료와 도구 그리고 방법과 순서가 있다.

나는 보통사람과 같은 삶을 살아오면서 보통사람의 관점에서 오랫동안 그 미션에 대해 많은 시간 동안 사색하고 경험을 하면서 꾸준히 연구해 왔다. 그 내용으로 실용성공학인 『보통사람 성공법칙』이란 책을 쓰게 되었다. 나의 메시지가 완전한 정답은 아니지만, 여러분들의 열정과 진정성 있는 실천이 모아진다면 우리가 원하는 행복하고 성공적인 삶을 개척해 나갈 수 있을 것이다.

　나는 현실에 순응하며 답보적인 삶을 살아가는 보통사람들에게 행복하고 성공적인 삶에 대한 구체적인 목표를 가지고 열정과 희망을 가지고 살아가는 방법을 알려주려고 한다. 또한 실천을 옆에서 북돋아 주고, 기쁨과 성취감을 공유하며 '행복하고 성공적인 삶 공동체'를 만들어 나가려고 한다.

　우리는 모습은 달라도 똑같은 마음을 가지고 살아간다. 나와 내 가족이 함께 행복한 삶을 살아가고 싶은 소중한 마음 말이다. 그러나 사회는 급속한 변화를 거듭하면서 우리들의 소중한 마음을 거칠게 내치려는 성질을 강하게 드러내고 있다.

　국가나 사회가 그를 막아 보려고 애를 쓰지만 여러 구조적 한계를 드러낼 뿐, 빈익빈 부익부라는 자본주의의 커다란 폐해는 더욱 가속화되어 가고 보통사람들의 삶은 더욱 황폐화되어 가고 있다. 오로지 가족의 안정과 행복을 지키려는 소중한 마음이 점차 벼랑으로 내몰리고 있어서 매우 안타깝다.

　4차 혁명의 문명이 도리어 극단적인 빈익빈 부익부의 가파르고 위험한 사회로의 변화를 가속화시키고 있을 뿐이다. 개인이든 사회든 더 이상의 지속 가능한 안정과 번영은 보장될 수 없게 되었다. 이대로 계속 내버려 둔다면 공동체를 지탱하던 우리 사회의 기둥은 무너져 더 이상의 공존이 어려울 것이다.

그렇다고 국가나 사회만을 탓하고 있을 수만도 없다. 개인도 명확한 전략 없이 두서없는 일상의 삶만을 살아간다면 아무런 기대나 희망이 없는 삶이 반복될 뿐임을 명심해야만 한다. 사회나 국가는 그 나름의 노력을 해야겠지만 더욱 중요한 것은 개인은 개인대로 창의적 사고와 열정으로 충전하는 법과 성공적인 삶을 살아갈 수 있는 역량을 익히고 실천해야 한다.

매서운 무한 적자경쟁의 자본주의 사회구조에서 행복하고 존엄한 삶을 유지하고 지속하기 위해서는 도도하고 유유히 흘러가는 강물처럼 굳은 뚝심과 지혜가 필요하다. 열정과 지혜를 모아 우리 모두가 즐겁게 살아가는 행복한 우리 사회를 만들어 나갔으면 좋겠다.

2021년 1월 1일
보통사람 이 두 용

CONTENT

능동적 준비 편
행복하고 성공적인 삶을 위한 21가지 지혜로운 방법!

열정적 실습 편
4단계 보통사람 성공법칙을 실천하라!

나의 성공역량 실천 편
이젠, 나의 성공스토리를 만들어 나가자!

에필로그

이 책의 사용 설명서

자기계발서나 성공 강연이
보통사람들에게 변화를 주지 못하는 이유

　대부분의 성공학 관련 자기계발서나 온·오프라인 강연들은 특별한 상황에서 경제적으로 대단하게 성공한 사람들의 능력이나 상황 그리고 비결들을 장황하게 제시한다. 그리고 보통사람들에게 '당신도 얼마든지 할 수 있다'라고 말한다.

　엄청난 역경이나 실패경험을 통하여 그들이 성취한 것은 매우 높고 멀리 떨어진 곳의 결과물이다. 보통사람들은 첫 번째 계단을 오르락내리락하는데 다섯 계단 위에 올라선 사람이 한 번 나처럼 올라와 보라고 한다. 성공에 관련해서는 아직 초등학생인데 고등학교 이상, 대학교에서 배울 모든 내용을 제시하고 배우라고 한다. 마치 어린아이한테 모터사이클을 타는 멋진 모습을 보여 주며 꿈과 희망을 품고 한번 따라와 보라는 식이다. "You can do it!"이라고 말하면서 말이다.

당장 성공 강연을 들을 때에는 당장 너무 근사하고 대단해 보이고 마음의 동요를 보이지만 단지 그때뿐이다. 뒤돌아서면 곧 모두 잊어버린다. 그리고 똑같은 식의 강연을 또 듣는다. 새로워 보이지만 겉포장만 현란하고 다양해 보이지만 비슷한 내용을 또 반복하여 들을 뿐이다. 그리고 또 잊어버린다. 현실에 돌아와선 아무런 내적 변화나 자기혁신은 없다.

우리는 말을 먹고 배부르거나 순간적인 말로 행복할 수는 없다. 직접 걷고 뛰어 봐야 힘이 나고, 현장에 가서 일해야 빵이 생기고 스스로 행동해 봐야 성취감이 생기며, 서로 간에 사랑한다고 말하는 습관이 몸에 배어야 행복함을 느끼며 살아갈 수 있다.

많은 이론과 지식보다는
실천을 통한 변화가 중요하다

행복하게 살아가는 방법, 성공적인 삶을 살아가는 방법에 대해서는 이미 수많은 책이나 웹사이트에 모두 제시되어 있다. 과학적인 지식을 제외한 우리가 삶을 운영해 나가는 방법이나 내용은 그리 새로울 것이 없다. 중요한 것은 행동이나 실행을 통한 변화로 성취감을 느끼는 것이다. 어떤 행동에 대한 성취감이 반복되면 지혜로운 습관이 만들어진다. 좋은 습관은 사람의 인격이나 운명까지도 결정짓는다.

본 책의 내용은 이미 접해 보았을 것 같은 쉬운 내용으로 구성되어 있다. 정말로 유념해야만 하는 것은 실천을 통한 자기 변화를 경험하지 않은 상태에서 '나도 다 아는 내용인데 뭐'라고 상투적으로 넘겨 버려서는 절대로 안 된다. 실천을 통해 깊이 있게 경험해 보는 것이 무엇보다 중요하다.

이 책의 내용은 세상에 널브러져 있는 수많은 이론이나 지식보다는 수년 동안 몰입과 사색을 그리고 실천을 통하여 얻어낸 행복하고 성공적인 삶을 위해서 꼭 필요한 순서나 방법들을 제시하려고 한다. 보통사람의 관점에서 보통사람들이 좀 더 행복하고 성공적인 삶을 살아가길 바라는 진정성 있는 마음으로 이 글을 쓰고 있다.

나는 이 책을 통하여 어떤 이론을 가르치려는 목적성은 추호도 없다. 어떠한 미사여구로도 이 책을 꾸미려 하지 않았다. 어떠한 유명한 사람의 이론이나 지식을 짜깁기하지도 않았다. 하나의 내용도 수십 번 마음속에서 되새겨 보고 깊이 있게 사색해 보며 책 속의 내용을 정리하며 모아 왔다.

보통사람들에게 하고 싶은 말
내가 변화하기 시작하면 내 가족도 모두 변한다!

보통사람들의 삶의 모습들은 비슷하다. 오늘과 내일이 비슷한 삶을 살아간다. 좋게 보면 큰 변함이 없는 안정이지만 걱정스럽게 보면 답보적이고 순응적인 삶을 살아간다.

우리는 1년, 2년 시간이 흘러가면서 삶의 지혜와 비결을 축적해 나가며 희망을 향한 인생의 항해를 하고 있는 것인가? 아니면 힘없고 외로운 노후를 향하여 끝없이 나아가는 회색빛 인생 항해를 하고 있는 것인가를 늘 심각하게 고민해 보아야 한다.

20~30대로부터 본격적인 사회생활을 시작하고 20년 남짓이 지나면 50대로 접어들게 된다. 요즘 같아선 10~20년이 그냥 훌쩍 지나갈 수 있는 시간이다. 100세 시대의 특성상 중년 이후에도 50대, 60대, 70대, 80대 등 훨씬 더 많은 삶이 남아 있다. 나이대별로 바쁘고 고달픈 삶의 이유가 있을 수 있다. 그렇다고 답보적인 현실에 얽매여 자기 변화나 혁신을 소홀히 하면 안 된다.

보통사람 성공법칙이란?

보통사람이란 매슬로우 인간의 욕구 1단계인 생리적인 의식 주 충족의 욕구에서 2단계인 지속적인 안정감의 욕구를 위해 노심초사하며 고단한 삶을 살아가는 우리들의 이웃들을 말한다.

나는 보통사람으로서 보통사람들의 상황과 심리를 충분히 이해하고 그 삶을 사랑한다. 나 또한 가족과 함께 행복하고 성공적인 삶을 살아가려는 소박한 소망을 꿈꾸며 살아가는 보통사람이다. 불만족스러운 현실에 순응하며 답보적인 삶을 살아가는 보통사람들이 용기와 희망을 가지고 그들의 소박한 소망을 이루어낼 수 있는 지혜로운 방법을 찾기 위하여 노력해 왔다.

나는 보통사람들이 1단계에서 2단계로 올라갈 방법을 쉽게 알려 주고 그 실천을 함께 해 주려고 한다. 또한 함께 힘을 내도록 옆에서 밀어주고 격려해 주려고 한다. 강한 내적 동기로 스스로 용기와 힘을 내어 한 계단, 한 계단 올라갈 수 있도록 도와주려고 한다. 뿐만 아니라 3단계 애정, 소속감의 욕구, 4단계 명예, 성공, 존중의 욕구, 5단계 자아실현의 욕구 등을 모두 성취하기까지의 핵심적인 삶의 지혜와 순서적인 로드맵을 제시하려고 한다.

그동안의 무기력했던 삶, 희망을 꿈꾸기에는 너무나 피곤하고 지쳤던 삶에서 곧바로 탈출할 수 있는 단순하고 쉬운 방법을 제시할 것이다.

보통사람 성공법칙의 4가지 주안점

▶ 보통사람의 수준이나 상황에 맞추어진 내용이어야 한다.
▶ 누구든지 곧바로 실천해 나갈 수 있어야 한다.
▶ 쉬운 방법으로 즐겁게 실행할 수 있어야 한다.
▶ 한 단계는 다음 단계의 내적 동기를 불러일으켜야 한다.

이 책 속의 내용은 끝없는 몰입과 사색으로 얻은 지혜와 경험을 통해 얻어 낸 방법들이다. 또한 그것들을 나의 마음속 깊은 곳, 잠재의식 속에서 수십 번 되새겨 보면서 '아 정말 그렇구나, 아 이렇게 하면 좋겠구나, 야 바로 이거구나'라고 공감하고 실천해 낸 것들을 정리했다.

이 책의 내용은 보통사람들이 행복하고 성공적인 삶을 살아가기 위해서는 내가 먼저 변화해야 함을 강조하고 있다. 또한 변화를 위해서는 실천이 중요함을 강조하고 있다.

보통사람 성공법칙은 매우 단순하고 쉬운 내용일 수 있다. 그러나 열정적인 마음으로 적극적인 실천을 한다면 누구에게든 용기와 희망을 선물로 줄 수 있다고 확신한다.

하루하루의 작은 행동의 변화가 가져오는 놀라운 삶의 성취와 행복감을 느껴 보자. 그리고 우리가 소망하는 성공적인 삶을 향하여 앞으로 앞으로만 달려 나가자!

1부
....

능동적 준비 편

행복하고 성공적인 삶을 위한
21가지 지혜로운 방법!

우리의 소망은 단순하다. 나와 우리 가족의 사랑과 행복을 지켜내는 것이다. 그러나 4차 혁명으로 빈익빈 부익부가 가속화되어 가는 상황에서 통속적인 Life Circle이 반복되는 삶의 습관을 벗어나지 못한다면, 작지만 소중한 우리의 소망을 지켜내기는 매우 어려울 것이다.

내 스스로가 강해지고 지혜롭지 않으면 불만족스럽고 궁핍한 현실의 구덩이에서 영영 빠져나오지 못할 수도 있다. 자신은 물론 가족과 함께 평생을 그렇게 살아갈 것인가!

세상엔 수많은 삶의 비결과 지혜로운 경험이 흩어져 있다. 그러나 대부분 사람은 그것들이 눈에는 안 보이기 때문에 그냥 모른 채 밟고 지나쳐 버린다. 그리고 절망적인 삶의 벼랑을 향하여 끊임없이 걸어간다. 언젠가는 반드시 닥쳐올 수많은 불행을 모른 채 말이다.

나는 일상적인 삶을 살아오면서 수년간 나와 같은 보통사람들이 행복하고 성공적인 삶을 살아갈 방법이라는 멋진 주제를 가지고 끊임없는 몰입과 실행, 그리고 교정과 개선을 해 왔다. 사람마다 개성과 상황은 다를지 모르지만 고민하고 소망하는 마음이나 삶의 모습은 비슷하다.

행복한 성공방정식은 생각보다 쉬울 수 있다. 그것이 바로 나의 첫 단추 이론이다. 첫 단추만 잘 채우면 두 번째 단추부터는 눈을 감고도 쉽게 채울 수 있다. 삶을 행복하고 성공적으로 살아가는 데는 그렇게 많은 비결이나 지혜를 필요로 하지 않는다. 꼭 필요한 핵심적인 삶의 비결이나 지혜는 많아야 20여 개 정도이다.

'구슬이 서 말이라도 꿰어야 보배다'라는 말이 있듯이 세상의 수많은 보물 같은 삶의 비결이나 지혜도 일상적인 삶에서 실천하여 습관화되지 않으면 아무런 소용이 없다. 그림의 떡인 셈이다. 대부분의 사람들은 그림에 떡을 보고 그때만 고개를 끄덕이면 그만이다. 누군가가 들려주는 좋은 얘기들이 마이동풍식이된 지 오래다. 자신의 삶은 별다른 변화도 일어나지 않고 삶의 질도 향상되지 않는다.

위의 상황은 각자 개인의 문제일 수도 있겠지만 더욱 큰 문제는 교육자들의 교육방식이나 교육전략의 문제이다. 학교 교육은 물론이고 일반인을 대상으로 하는 교육조차도 이론 중심의 교육, 즉 강의를 위한 강의가 문제이다.

당장 교육을 받을 때는 논리적 체계가 명확하고 고상해 보이는 내용에 흠뻑 빠져들지만 금세 잊어버린다. 그리고 똑같은 내용을 또 듣고 같은 상황을 반복한다. 다시 말해 강사를 위한 교육, 가르치려고 주입하는 교육을 반복하고 있다.

모든 교육의 목적은 교육을 받는 사람들을 변화시켜 나가고 삶의 질을 향상시켜 나가는 것이다. 수많은 내용을 다 가르치려고 애쓰기보다는 하나의 내용을 가르쳐도 그것을 활용할 수 있는 계기를 만들어 주는 것이 중요하다. 1차적인 활용뿐만이 아니라 습관화를 통한 삶의 변화를 끌어내기까지 옆에서 북돋아 주고 기다려 주는 실용성과 진정성을 가진 교육이 필요하다.

이 책의 내용은 거창하거나 이론이나 특별하게 새로운 내용은 없다. 우리의 보통사람들이 행복하고 성공적인 삶을 살아가는 데 도움이 될 수 있는 마음이나 가치, 행동 등에 대한 구체적인 실천방법을 단순하고 쉽게 정리하려고 노력했다.

1장

중요한 삶의 기준을 마음속에 정리하라!

———

　행복하고 성공적인 삶을 살아간다는 것에는 정답이 없다. 사람들의 성공을 돕기 위해 쓰인 자기계발서는 헤아릴 수 없을 정도로 많다. 책을 많이 읽어야 한다, 지도력이 있어야 한다, 아침형 인간이 되어야 한다, 창의성을 키워야 한다, 남이 하지 않는 일을 해야 한다, 근면하고 성실해야 한다, 남의 말을 잘 경청해야 한다 등 셀 수도 없고 순서를 매길 수도 없다. 실천하기도 어려우며 결국 말잔치로 끝나고 만다.

　어느 것 하나 중요하지 않은 자기계발서의 내용은 없다. 중요한 것은 자신에게 없어서는 안 될 것 같은 기준 몇 가지를 택해 그것을 신조로 삼아 실천해 보며 성취감을 느껴 보는 것이다.

　아래의 5가지는 나 자신이 몇 년간 마음 정리 과정을 통하여 꼭 필요하다고 판단한 것을 적은 것이다. 권고사항일 수도 있지만 달리 정한 것이 없다면 함께 공감하며 성공적인 삶을 위한 기본 신조로 삼아도 좋은 것이다.

나의 마음 정리를 생활화하라

　살아간다는 것은 갈등과 선택의 연속이다. 단 하루를 살아도 수많은 선택의 갈림길에 선다. 아무리 대단한 일을 하든 아주 사소한 일을 하든, 하루, 1년, 2년, 더 나아가 긴 인생의 시간이 흘러간다. 선택은 행동을 가져오고 그 행동은 어떠한 결과를 가져온다. 우리는 그 결과에 대한 책임을 갖고 살아간다. 어떤 커다란 불행이나 행복도 그러한 결과의 부산물일 것이다. 하루하루의 과정과 결과가 모여서 우리 삶의 행복과 불행을 결정짓는다.

　점심엔 뭘 먹을까? 오늘은 등산할 것인가? 영화를 볼 것인가? 등은 뭘 선택하든 그리 중요한 것이 아닐 것이다. 그러나 오늘은 어떤 일을 가장 먼저 해야 할 것인가? 어떠한 가치 기준으로 주변 사람과의 관계를 맺을 것인가? 여러 가지 사업 아이템 중에서 어떤 아이템을 선택할 것인가? 등은 매우 중요한 것일 것이다. 또한 한 가정의 아버지가 어떤 가치관의 소유자인가? 에 따라서도 한 가정의 분위기는 물론이고 삶의 질도 매우 달라질 것이다.

가끔 명상, 몰입 걷기, 자신만의 칸막이 시간을 통해서 일정한 삶의 주제에 대한 사색의 시간을 갖는 것이 중요하다. 주제의 중요도에 따라 1시간, 1일, 1주일 등의 충분한 시간을 가지고 반복된 사색을 통해서 확신을 끌어낸다. "그래, 그러면 되겠구나, 됐다 바로 그거구나!" 이렇듯 마음 정리가 된다면 어떤 일이든 확신과 열정을 가지고 문제를 해결해 나갈 수 있을 것이다. 이러한 충분한 마음 정리의 과정이 없다면 확신이 없는 판단과 행동으로 성공적이고 행복한 방향으로 살아갈 수가 없을 것이다.

★ 나의 방법

나는 밤 10시에 하루의 업무를 마치고 1시간 정도 걸어서 귀가한다. 빠른 걷기로 운동이 될 뿐만 아니라 사색과 몰입의 시간을 가진다. 하루 중 이 시간이 가장 기다려지고 즐거운 시간이 아닐 수 없다. 추운 날씨 땐 처음엔 귀찮다는 생각이 들었다가도 일단 걷기 시작하면 서서히 기분이 좋아진다.

처음엔 편하고 씩씩한 마음으로 걷다가 서서히 해결하고자 하는 주제에 몰입하기 시작한다. 억지로 골몰하고 고뇌하는 것이 아니다. 단순히 마음속에 관련 문젯거리를 올려놓는 것이다. 걷다 보면 서서히 여러 아이디어나 관련된 여러 생각이 떠오르기 시작한다.

생각, 몰입 그 자체를 즐기는 마음이 중요하다. 하나의 아이디어가 떠

오르거나 관련 문제에 대한 해결책이 떠오르고, 이어서 연관된 생각이 뒤를 따른다. 정답이 없는 상황을 전제로 하지만 생각의 열매는 연이어 흘러져 나온다.

집에 다다르기 10여 분 전이면 관련 문제에 대한 생각정리, 아이디어 정리는 물론 하루의 모든 마음정리가 된다. 그리고 그 정리된 마음을 다시 한번 되새겨 본다. 집에 도착해선 노트에 정리된 생각을 기록한다. 하루를 다시 시작해도 좋을 정도의 열정이 솟는다. 어차피 저절로 사라지고 말 퇴근 시간이 마음 정리습관으로 내일을 위한 충전의 시간이 되니 얼마나 좋은지 모른다.

개인의 성공역량을 개발하는 것이 급선무다

　서부 유럽 일부 국가를 제외하고 대부분 국가는 국민에게 최소한의 삶을 살아갈 수 있는 기본만을 제공할 뿐 그 이상의 유복하고 인간다운 삶을 살아갈 수 있는 복지를 제공하지 못하고 있다.

　초일류 기술의 시대, 4차 혁명이 전면에 대두되는 사회라 할지라도 빈익빈 부익부 현상은 더욱 가속화될 뿐이며 보통사람들의 삶에는 큰 혜택이 배분되지 못하고 경제적 문화적 불평등은 더욱 커질 것이다. 따라서 개인의 행복한 삶을 위해선 개인의 성공역량을 개발하는 것이 무엇보다 중요하다.

　과연 나의 삶을 행복하고 성공적으로 살아가기 위해서 꼭 필요로 하는 역량은 무엇이고 어떻게 개발해 나가야 하는가?

　미래의 사회는 화이트칼라도 블루칼라도 사라지고 새로운 칼라인 새 빛깔이 나타날 것이다. 새 빛깔이란 인공지능을 이해하고 관리하는 계층을 말한다. 그렇다고 모든 사람이 인공지능을 개발하고 관리하는 사람이 될 수는 없는 것이다. 결국, 인공지능이 할 수 없는 자신만의 능력을 키워 인공지능을 이겨야 나의 삶의 영역이 보장되는 것이다. 자신이 하고 싶은 분야나 자신이 잘할 수 있는 분야에서 자신만의 관점에서 자신만의 창의적이고 독특한 답을 찾아보는 실행의 습관을 단련해야 한다.

건강역량을 개발하자

건강은 삶을 살아가는 기초에너지이다. 기초에너지가 항상 충전되어 있어야만 열정이란 에너지가 발산된다. 행복한 삶, 성공적인 삶을 위한 첫 단추인 셈이다. 많은 사람이 첫 단추조차 제대로 잠그지 않은 상태로 살아가는 경우가 많다.

세상엔 눈에도 안 보이고 성취하기 어려운 것들이 많지만 건강한 삶을 위한 운동습관은 마음만 먹으면 바로 당장이라도 나의 것으로 만들 수 있다. 꾸준한 작은 운동습관 하나면 된다. 별도로 하는 운동습관이 없다면, 본 저자가 실천하는 운동방법 중에서 일부를 그대로 실천해도 좋을 것이다. 가장 중요한 삶의 첫 단추이다. 머뭇거리지 말고 곧바로 실천해 나가자.

의사소통역량을 개발하자

모든 삶의 행복이나 불행, 성공이나 실패는 사람들과의 관계나 소통을 통하여 결정된다. 소통이라는 것은 이성적인 소통과 감성적인 소통으로 크게 나누어서 생각해 볼 수 있다. 이성적인 소통은 명확한 근거나 사실을 바탕으로 하는 것이기 때문에 특별히 신경을 쓸 필요가 없다. 그러나 사람의 마음을 움직이게 하는 감성적인 소통능력은 저절로 길러지지 않는다.

다른 사람을 나의 팬으로 만들거나 상대방에게 자신을 신뢰할 만한 사람으로 인식시키는 일은 매우 중요하다. 합리적인 근거나 주장보다는 상대방의 감성을 순화시킨다든지 상대방의 공감을 끌어내는 것이 중요하다.

요즘 주목받고 있는 서번트 지도력의 핵심도 겸손의 자세로 상대방을 존중해 주는 것을 바탕으로 한다. 본질적인 목표는 상대방과의 긍정적이고 능동적인 협력이나 융화를 통하여 더욱 높은 수준의 목표를 달성하고자 하는 데 있는 것이다.

본 책에서 제시하는 감성소통법은 행복하고 성공적인 소통역량을 키우는 데 기본이 될 수 있을 것이다.

창의적인 사고역량을 개발하자

창의적인 사고능력은 특별한 교육을 받아서 키워지는 것이 아니다. 일상의 생활 속에서 고민되는 문제가 있는가? 좀 더 좋은 방향으로 해결해야 하는 문제가 있는가? 이러한 문제를 고민거리로만 생각하고 고뇌한다든지, 한두 번의 생각으로 대충 해결해 버리는 습관에서 벗어나야 한다. 세상의 어떤 문제라도 반드시 좀 더 나은 정답이 있다고 확신하는 믿음을 가져 보자. 일상의 문제나 주어진 업무 관련 문제가 있을 때 충분한 시간 그 하나의 문제에 대하여 몰입해 보자. 또한 여러 번 반복적인 사색을 통하여 그 문제를 이리저리 굴려 보면서 좀 더 나은 방법이나 특별한 대안을 생각해 보자. '앗싸, 그렇지 바로 그거야'라는 감탄사가 나오는 경험을 해 보자. 이 정도만의 생활 속에서의 의도적인 작은 노력만으로도 얼마든지 창의적인 사고역량을 갖출 수 있을 것이다. 이 책에서 제시하는 몰입사고를 통한 아이디어 발상법을 그대로 벤치마킹해도 좋을 것이다.

작은 목표라도 세우고 도전하는 성취인적 역량을 키우자

예전에 착하고 성실하면 가장 좋은 사람으로 평가를 받았다. 그러나 세상은 완전히 변했다. 선하고 성실함은 기본으로 두고 도전과 응전을 통하여 기회를 만들어 내고 또 기회를 새로운 가능성이나 희망으로 재창조하는 성취인적 역량이 필요하다. 4차 혁명의 사회는 수많은 기회가 순식간에 생기고 사라지기를 반복하고 있다.

성취인적인 역량도 특별한 교육을 받기보다는 일상생활 속에서 작은 목표를 세우고 성취해 내는 습관을 통하여 점차 큰 성취를 할 수 있는 역량을 키워 나갈 수 있다. 10년간의 학창시절에서 수동적인 학습활동만을 하며 자라 온 자녀들을 도와주는 마음에서라도 부모가 먼저 변화해 보자. 『보통사람 성공법칙』이란 책은 이러한 발상에서 출발하였기 때문에 많은 보통사람들이 행동 변화를 통해 성취인적이고 창의적인 역량을 키워 나가는 데 큰 도움이 될 수 있을 것이다.

유튜브 등 SNS 마케팅 활용역량을 개발하자

요즘엔 상품판매 마케팅이나 사회 전반의 모든 서비스 활동이 다양한 온라인 플랫폼인 인터넷상의 SNS를 통하여 이루어지고 있다. 오프라인 영업을 하는 동네 상권은 완전히 내리막길을 걷고 있다. 남녀노소를 막론하고 SNS에 호환적인 접근성이 떨어지면 상업활동의 핵심인 마케팅 능력이 현저히 떨어지게 되고 생존조차 어려운 세상이 된 것이다. 지금부터라도 SNS 관련 지식이나 기술을 익혀 나가야 한다.

본 저자도 2년 전부터 유튜브를 시작해 수익도 얻고 있고 블로그도 시작하게 되었다. 그뿐만 아니라 그 외 연동할 수 있는 다양한 SNS 관련 지식이나 기술을 익히게 되었다. 일반인이 만들기 어렵다는 홈페이지형 블로그도 스스로 배워서 나의 지식과 경험을 하나하나 쌓아 나가고 있다. 그를 통하여 본 업무에도 많은 도움이 됨은 물론 새로운 분야로의 업무도 확장되어 가고 있다.

이 책의 모든 내용은 행복하고 성공적인 삶을 살아갈 수 있는 개인역량을 개발하여 자신의 삶을 근본적으로 혁신시켜 나가는 것을 목표로 하고 있다.

성공역량을 개발하는 방법은 거창한 이론이나 특별한 방법이 필요하지는 않다. 보통사람들의 살아가는 모습은 비슷하다. 성공적인 삶을 살아간다는 것은 모든 삶의 방식을 바꿀 필요도 없다. 일부 몇 가지의 가치 기준을 명확히 한 후 건강하고 창의적인 시너지효과가 나올 수 있도록 좋은 습관을 만들어 가는 것으로도 충분하다.

앞으로 제시되는 개인의 성공역량을 개발하는 방식은 매우 단순하고 쉽다. 제대로 실천을 해 보지 않은 상태에서 건성건성 읽고 넘기는 습관은 가장 무익한 독서습관이다.

책의 내용을 꼼꼼히 읽어 가며 한두 가지라도 의도적인 의지를 갖추고 끝까지 실천해 보려고 노력하자. 바로 그때부터가 자신을 변화시킬 수 있는 결정적인 계기가 될 수 있을 것이다.

★ 나의 마음

이 책의 내용은 수년 동안 보통사람들이 건강하고 행복하며 목표성취를 통해 성공적인 삶을 살아가는 데 도움을 주려는 사명의식의 결정체다. 일상생활을 하면서 쉽게 실천할 수 있도록 단순하고 쉬운 방법을 찾기 위하여 몰입과 발상 그리고 실천을 반복해 왔다. 세상의 어떤 것에도 정답이 있는 것은 아니지만 좀 더 정답에 근접한 발상을 하려고 노력하였다.

이 책을 읽는 독자, 보통사람들의 긍정적인 오픈 마인드와 진정한 실천이 모인다면 우리의 보통사람들에겐 새로운 희망을 향한 신바람 운동이 될 수도 있다고 확신한다.

개인의 성공역량개발이라는 것이 대단히 거창한 것도 아니고, 특별히 많은 시간을 별도로 할애해야 하는 것도 아니다. 하루의 일상적인 삶의 사이클을 조금만 정리·정돈하고 교정하고 개선하면 되는 것이다. 우리의 보통사람들의 건강과 행복 그리고 목표성취와 성공적인 삶을 위한 여정을 위해 이 책 곳곳에 제시된 나의 경험이나 창의적인 발상들이 우리 보통사람들의 성공역량개발에 큰 도움이 되기를 간절히 바란다.

긍정적인 수용력 100%에 도전하라

'그건 나도 알아, 그걸 왜 하려고 그래, 그렇게 말처럼 되겠어?'
라는 말은 절대로 하지 말아야 한다. 상대방의 의욕을 꺾는 말
이다. 그런 말을 습관적으로 하는 사람은 다시는 상대방으로부
터 어떠한 좋은 권고나 충고를 듣지 못할 수도 있다.

삶의 비결이나 지혜는 자신의 경험을 통해서도 쌓이지만 책
이나 세미나 또는 다른 사람들을 통해서 알게 되는 경우가 많
다. 항상 긍정적인 수용의 자세로 마음을 열어 놓아야 한다. 그
리고 경험과 지혜를 모을 때도 긍정이고 적극적인 자세로 삶을
살아가는 사람으로부터 자문해야 한다.

대부분의 사람은 도리어 의욕을 꺾는 장애물일 경우가 많다.
그걸 왜 하려고 그래, 그건 나도 알아! 그렇게 말처럼 되겠어?
등의 말이나 태도로 다른 사람의 성취 욕구를 꺾는 경우가 많
다. 대표적인 경계대상 1호가 바로 옆에 있는 배우자이다. 배우
자는 가까이서 서로를 매우 잘 안다는 장점도 있지만 반면에 너
무 격이 없어 상대를 너무 쉽고 무능력한 사람으로 단정 지어

버리는 심리가 강하기 때문이다.

같은 상황을 가지고도 늘 15% 얹어 생각하는 사람이 있고, 늘 15% 내려서 생각하는 사람이 있다. 단지 생각하는 방식이나 성격만 가지고도 일상적인 삶의 만족도가 무려 30%나 차이가 난다. 60%와 90%의 차이라니 엄청난 차이가 아닌가?

누군가의 경험이나 기술적 비결을 처음 배울 때는 상대방을 있는 그대로 복사할 정도로 배우고 모방하면 좋다. 상대방과 거의 비슷할 정도가 된 이후에 서서히 자기만의 독특한 경험과 창의적인 아이디어를 보탠다면 그 사람보다 더 창의적인 자신만의 작품이 나올 수 있다. 이것이 가장 쉽고 빠르게 성공하는 지름길이며 지혜이다.

남의 관점에서 남의 말을 이해하려고 노력하는 것은 자기 생각을 버리는 것을 의미하는 것이 아니다. 다른 사람을 존중하고 서로 친화적인 관계를 유지할 수 있는 길이기도 하고 남의 오랜 경험이나 지혜를 손쉽게 나의 것으로 만들 수 있는 지름길이기도 한 것이다.

★ 나의 방법

나도 20년 전에 일반회사도 다니고 작게 도자기 사업을 하다 교육 계통에 몸을 담게 되었다. 아이들을 가르치고 변화를 주는 것은 쉬운 일이 아니었다. 일을 처음 배우기 시작한 것은 일산서구 탄현동에 있는 속독 글쓰기 학원이었다. 나의 직속 선배는 나보다도 10살 이상 어린 여선생님과 은사님이신 지금의 이균형 진선미건강센터 소장님이셨다. 근무한 지 얼마 안 되어 소장님께서 나를 불러서 '처음 일을 배울 때는 상대방이 하는 것을 복사하듯이 그대로 배우는 게 좋다'라고 말씀하신 것이 아직도 기억에 선하다. 그때는 그 의미를 잘 몰랐지만 말씀하신 대로 실천하려고 노력했다.

교육하는 내용은 물론이거니와 심지어는 청소하는 것, 말투 등을 그대로 따라 하려고 노력했던 것 같다. 1년이 채 되지 않아 많은 업무를 익힐 수 있었고 실장으로 승급도 되었다. 그리고 짧은 시간에 교육업무, 부모 상담, 광고, 환경미화, 신규 선생님 상담 등 학원의 전반적인 모두 업무를 배울 수 있었다.

시간이 흘러가면서 나만의 창의적인 교육기법, 광고기법, 부모 상담기법 등 많은 비결을 축적할 수 있었다. 지금도 교육 관련해서는 어떤 분야든 다양한 시각에서 분석하고 창의적인 대안을 제시하고 실천할 수 있는 역량을 쌓는 데 결정적인 경험이 되었다고 생각한다.

나는 상대방의 입장을 최대한 존중하려는 태도로 상대방의 말을 경청한다. 중간에 상대방의 말을 잘 듣고 좋은 점이 있다고 판단되면 그 부분을 겸손한 자세로 되묻는다. 그러면 상대방은 기다렸다는 듯이 자세하게 설명해 준다. 이러한 공감 경청 후 되묻기를 하는 소통습관은 친화적인 신뢰 관계도 쌓고 상대방의 비결이나 지혜를 나의 것으로 수용하는 데 매우 효과적이다.

사람의 잠재된 의식이나 창의적인 아이디어는 혼자 있을 때는 정지되어 있다. 움직이고 대화하고 책을 읽고 하는 과정에서 밖으로 튀어나온다. 수용력으로 Open Mind가 안 된 상태라면 순간순간 밖으로 튀어나온 수많은 삶의 지혜나 비결들을 다 놓칠 것이다. 자기 말만 하기를 좋아하는 사람들, 남의 말을 습관적으로 중간에 끊는 사람들은 Closed Mind일 가능성이 매우 크다. 이 책 속의 많은 중요한 핵심들도 남의 좋은 경험이나 지혜들을 나의 것으로 받아들이고 창의적으로 변용하여 습관화한 것들이 대부분이다.

●
이론과 생각보다는 실천을 우선시해야만 한다

세상엔 주옥같은 지혜가 많다. 많아도 너무나 많다. 도리어 아는 것이 병이 될 수도 있다. 이론이 너무 그럴듯해서 설익은 실천을 우습게 보는 습관이 만들어질 수도 있다. 그러다 보면 우유부단한 사람이 되거나 말은 많은데 실제는 실천을 통한 열매가 없는 경우가 허다하다.

구슬도 꿰면 보배가 되지만 꿰지 않으면 그냥 굴러다니는 구슬일 뿐 별 소용이 없게 된다. 그렇다고 수많은 구슬을 다 꿰려고 할 필요는 없다. 몸에 치장할 구슬은 몇 가지만 있어도 충분하다. 1~2가지라도 자기만의 구슬을 꿰어 보는 연습을 통해서 중요한 이론을 실천하고 자기의 것으로 만들어 가는 연습을 하는 것이 중요하다.

자신의 분야에서 일정한 경험을 통해서 사회적 경제적 가치나 비전이 있다고 확신한다면 열정을 가지고 도전하라. 열정을 가지고 도전하며 가고 싶은 길을 가다 보면 저절로 멋진 풍경도 보이고 맛있는 열매도 맛볼 수 있다.

정답이 있는 것은 아니지만 일정한 분야에서 성공하기 위해서는 지식 30%, 경험 30%, 기타 여건 40%가 합해져서 성공에 이를 수 있다. 앞의 60%가 충분하다면 뒤의 40%는 저절로 뒤쫓아 오거나 가고 싶은 길로 가다 보면 저절로 찾아낼 수 있는 것들이 대부분이다.

많은 사람들은 전반적인 여건이 80~90% 이상이 되기를 기다리며 머뭇거린다. 그러다가 여건이 안 된다고 생각하며 시도조차도 하지 않는다. 그리고 남에게도 안 된다고 불평하며 남의 출발까지도 막아 버리는 사람으로 전락하고 만다. 그러니 사방에 자신의 잠재된 가능성과 삶의 열정을 식게 만드는 장애물들이 널려져 있다.

진정한 교육자는 자신의 지식을 과시하거나 모두 다 가르치려고 하지 않는다. 수많은 인문 관련 지식은 지극히 단순한 몇 가지 핵심원리의 응용일 뿐이다. 다 가르치려고 하지 말라. 단한 가지 지식이라도 가르친 후 실천과 경험을 통해 말해 보고, 직접 실천해 보게 하며 성취감을 느껴 보게 하는 교육이 중요하다. 단 한 가지라도 제대로 배우고 실천한 후에 성취감을 느끼는 과정에서 저절로 능동적인 성취인으로 성장해 나갈 수 있다. 이론만을 반복하지 말고 배운 지식을 곧바로 실전에 적용해 보는 교육을 해야만 산지식이 되어 우리의 삶을 행복하고 풍요롭게 한다.

많은 사람들이 뒤로 미루거나 머뭇거리다가 결국엔 열정, 용기, 기회 등을 모두 잃고 만다. 곧바로 목표를 세우고 실천을 통하여 성취감을 느껴 보는 교육이 매우 중요한 이유이다.

★ 나의 방법

나는 경험과 이론을 통해서 어떠한 일을 해야겠다는 생각이 든다면, 일단 하루 이틀 몰입 걷기를 통해서 대략적인 실행 전략을 세운다. 그리고 그다음 하루 이틀 몰입 걷기를 통해서 전날 세운 전략을 하나하나 되새겨 보며 검토해 본다. 그 과정을 통해서 얻은 확신을 통해 신속하게 1차적인 실행개요를 짜게 된다.

그다음으로는 주요전략에 대한 세부계획을 세우게 되는 데 매우 즐거운 작업이 시작된다. 분명한 목표와 전략이 만들어진 이후엔 열정이란 것이 붙어서 더욱더 성취 욕구를 북돋아 주기 때문이다. 이쯤부터는 이론적이고 현실적인 고민을 바탕으로 나온 전략과 세부 실행계획이 합해져서 거침없이 실행할 힘이 생긴다. 그러면 당장 어떤 특정한 결과를 떠나서 이론적으론 느낄 수 없는 경험적인 비결이나 결과물을 소득으로 얻게 된다. 너무 깊이 생각하고 계획을 뒤로 미루다 보면 즐거운 몰입이 아니라 괴로운 고뇌가 될 수도 있다.

청소년들 진로교육을 할 때도 꼭 필요하다고 판단되는 많은

내용을 열심히 준비하여 열정적으로 강의를 시작한다. 좋은 것은 딱 거기까지이다. 제한된 시간에 여러 가지를 가르치려고 하다 보니 교육시간에 쫓기면서 열강을 하지만 학생들은 피곤해 졸린 눈치가 역력하다. 선생님의 열정적인 강의가 미안해서라도 마지못해 듣는 척할 뿐이다. 그 순간 힘이 쭉 빠지고 가슴이 철렁 가라앉는다.

차라리 한 가지 주제를 가지고 토의식으로 교육할 때가 훨씬 효과적이다. 처음엔 짧은 시간 동안 한 가지 주제에 대한 의미와 필요성을 이해시킨다. 그리고 좀 더 많은 시간 동안 학생의 능동적인 참여가 가능한 토의식으로 진행하면 곧바로 학생들의 눈빛이 살아난다. 또한 잘한 점을 구체적으로 인정해 주면 학생들은 좀 더 창의적인 경험이나 아이디어를 제시하기 위해 적극적인 태도를 보인다.

배우고 잊어버리고 또 배우는 이론 중심의 사고방식은 행동을 두려워하게 만드는 가장 커다란 요인이다. 배운 이론이 있다면 곧바로 스스로 설명해 보게 하고 실천을 통하여 경험해 보는 사고방식으로 전환하자. 경험 중심의 가치관은 학교 교육이든 사회 교육이든 매우 중요하다. 오랜 시간 공부하지 않아도 짧은 시간의 능동적인 경험을 통한 성취감은 '나도 할 수 있다'라는 자신감을 선물로 준다.

이순신 장군의 유비무환 정신을 마음에 새기자

　이순신 장군의 3대 정신은 멸사봉공의 정신, 창의 개척의 정신, 유비무환의 정신이다. 나는 이 중에서 유비무환의 장신을 드높여 보려고 한다. 판옥선과 거북선은 유비무환의 산물이며 백전백승의 결과를 가져온다. 10여 척의 배로 133척의 왜군을 격파한 명량해전도 평상시 훈련을 실천처럼 생각하고 철두철미하게 나중을 준비해 나가는 이순신 장군의 유비무환 정신의 산물이 아닐 수 없다.

　우리나라 축구경기를 보면서 경기 초반엔 정신력이 흐트러진 경기를 하다가 경기가 끝날 무렵에 어떻게든 이겨 보려고 온갖 애를 써 보지만 결국은 패배하는 경우를 많이 본다, 우리의 삶에서도 흔히 일어나는 상황이다.

　과연 나 자신의 평상시 모습은 어떠한가? 당장 하루하루의 삶에 순응하며 그럭저럭 살아가고 있지는 않은가? 아니면 하루하루의 삶을 좀 더 나은 미래의 삶을 창조하기 위해 진지하게 자신을 성찰하며 꾸준하게 자신의 역량을 강화하며 살아가고 있는가?

사람은 누구나 무엇인가를 성취해 낼 수 있는 충분한 시간과 기회가 주어져 있다. 단지 게으르고 무계획적인 삶을 살다 보니 많은 시간과 기회를 송두리째 잃어버리고 마는 것이다. 하루 24시간을 생각해 볼 때 목표를 가지고 시간을 활용한다면 무척 길고 무엇인가를 성취해 낼 수 있는 충분한 시간이다. 하지만 게으르게 잠을 잔다든지 무의미한 일에 심취해 있다면 순식간에 하루하루가 흘러가 버리고 마는 짧은 시간이 되고 만다.

평상시 충분한 시간과 기회가 있을 때, 현재의 안정에 안주한다든지 게으름으로 장기적인 안정과 번영을 뿌리내릴 충분한 성취를 이루지 못한다면 더 이상의 기회가 점진적으로 모두 소진되어 인생 자체가 송두리째 위험해질 수 있다. 반드시 나에게도 인생에서 비 오고 추운 날이 올 수 있다는 생각으로 진지하고도 겸손한 마음으로 꾸준하게 미래를 준비해 나가는 사람이 되어야 한다.

★ 나의 방법

많은 사람들이 시간을 마냥 허비하며 살면서도 시간이 없다고 조급해하면서 살아간다. 토끼와 거북이의 우화에서처럼 꾸준한 거북이는 할 것도 다 하면서 결국 승리를 하게 된다. 벽시계의 시침이나 분침을 보고 있으면 시간이 완전히 멈추어 있고 아무리 보아도 움직이지를 않는 느낌이다. 그러나 우리가 잠든 사이에 매우 느리지만 꾸준한 움직임으로 엄청난 움직임을 한다.

월요일이면 나는 이런 생각을 한다. 뭔가를 개선하고 이루기에 충분한 일주일의 시간과 기회가 나에게 주어졌다고 생각한다. 그런 생각을 하는 순간 곧바로 새로운 한 주를 의욕적으로 시작할 힘이 저절로 생긴다. 그러면 월요병은 사라지고 우선 개선하거나 해결해야 하는 문제에 몰입하게 된다.

당장 매우 급한 일이 아니라도 앞으로 필요로 하는 일이나 주제가 있다면 그것을 순서와 체계를 맞게 작게 쪼갠다. 하루하루 작게 쪼갠 작은 문제에 대한 해결책 찾기에 몰입한다. 어디를 걷든 버스를 타고 가든 지루하지 않다. 항상 목표로 한 주제에 몰입하는 일은 뿌듯하고 편안한 마음을 갖게 한다. 잠들기 전 잠자리에서도 잠을 자려고 애쓰지 않아도 그날의 문제에 대한 아이디어를 생각하다 보면 어느새 편안하게 잠이 들어 버리곤 한다. 작은 일이라도 내가 세운 목표에 몰입하는 것은 즐거운 일이다. 이러한 일주일이 1~2주 쌓여 나간다면 조급해하고 고뇌하지 않아도 많은 일이나 목표를 여유 있게 해결해 나갈 수 있다.

거창한 시간관리 방법을 앞세우지 않아도 하루하루 혹은 일주일 일주일의 시간마다 작은 목표를 세우고 꾸준히 몰입해 보며 창의적인 해결책을 찾아보려고 시도해 보자. 이러한 실천과 습관이 쌓이다 보면 어떠한 큰 일이나 많은 일이라도 급하게 서두르지 않고도 여유 있게 해낼 수 있다.

1장 Happy & Successful My Life를 위한

중요 내용 정리	
창의적 활용 의지	

2장
몸과 마음을 항상 100% 충전하라!

━━━━

몸이 약하거나 아프다면 마음속에 열정과 행복의 꽃이 피어날 수 있을까? 반대로 마음이 건전하지 못하다면 건강하고 힘이 넘치는 육체를 유지할 수 있을까? 몸과 마음 중에서 무엇이 더 중요한지를 선택적으로 따질 문제가 아니다.

몸과 마음은 같이 움직여야 하는 수레의 두 바퀴와도 같다. 말이 수레를 끄는데 바퀴 하나만 있다면 또는 바퀴 하나는 크고 하나는 작다면 수레가 제대로 앞으로 나갈 수 있겠는가? 몸과 마음은 같이 힘을 내고 같이 움직여야 가고 싶은 곳을 향해서 힘 안 들이고 멀리 갈 수 있는 것이다.

몸과 마음은 서로가 아주 친해서 몸이 기분이 좋으면 마음도 힘이 솟고, 마음이 좋으면 몸도 같이 튼튼해지고 행복해한다. 그러니 조금만 서로가 힘을 낸다면 상호 간의 엄청난 시너지효과로 열정적이고 행복한 삶을 살아갈 수 있다. 반대로 몸과 마음이 같이 게으르다면 서로에게 엄청난 실망과 좌절을 줄 수도 있는 법이다. 비슷하게 생긴 사람들이 비슷한 조건의 삶을 살면서도 삶의 질에서 엄청난 차이가 나는 이유이기도 하다. 단순하면서도 효과가 강력한 이 책 속의 몸과 마음 충전법을 실천해 보자.

자기사랑 의식화 습관으로 마음을 충전하자

하루 중에서, 아니 지금껏 수십 년을 살아오면서 단 1시간이라도 자신만을 위한 시간을 가져 본 적이 있는가? 자신을 사랑한다고 말해 본 적이 있는가? 연애할 때 상대방을 위해 주고 생각하는 식의 열정을 단 한 번이라도 자신에게 쏟은 적이 있는가? 이말을 글로 적는 이 순간, 자신에게 대한 죄책감으로 전율이 솟구치는 것을 느낀다. 지금 이 순간 잠시라도 자신에게 미안하다는 생각이 든다면 반은 성공이다. 모든 사랑의 씨앗은 걱정해 주는 마음, 미안한 마음, 안쓰러운 연민의 정으로부터 시작된다.

자신의 몸은 하나가 아닌 수많은 구성요소가 힘을 합하여 움직이고 있다. 감정이 생기면 두뇌가 자동으로 여러 몸의 기관에 명령을 내리고 몸의 여러 구성요소들은 일제히 두뇌의 명령에 따라서 움직인다. 손이 아프면 어떤 일이 벌어질까? 다리가 아프면 또 어떨까? 혹시라도 심장이 약해지기라도 한다면 나의 삶은 어떻게 될까?

하나하나 내 몸의 모든 구성요소가 매일 매시 수고하고 있는 데 너무 오랫동안 부려 먹기만 하고 고맙다고 말해 본 적이 없다. 예전 TV 방송에서 무생물인 흰 쌀밥 두 그릇을 갖고 실험을 한 적이 있다. 한 그릇의 쌀밥에는 온갖 무관심과 냉소로 대해 주고 다른 한 그릇의 쌀밥에는 고마움과 찬사의 말을 해 주었다. 그런데 무서운 일이 벌어졌다. 똑같은 시간에 똑같은 양의 밥인데 무관심과 냉소의 대접을 받은 그릇의 쌀밥은 곰팡이가 잔뜩 생기고 찬사와 소중함의 대접을 받은 그릇의 쌀밥은 맛있는 밥 그대로 변함이 없었다고 한다.

오늘 이후부터라도 수십 년 동안 부려만 먹고 단 한 번도 고맙다고 말해 주지 못한 나의 몸에게 미안하고 또 미안하다고 말해 주자. 내가 몸의 주인이긴 하지만 몸의 구석구석 하나하나가 다 소중하고 나를 위해 애쓰고 있다는 것을 인식해 주자. 갑자기 나의 몸이 즐거워하고 힘이 나는 것을 느낄 수 있을 것이다.

★ 나의 방법
나는 활력 있게 걷거나 적당한 속도로 뛸 때 기분이 가장 좋다. 힘차게 걷기는 매우 단순하고 비용이 안 들어 일거양득의 효과가 있다. 활력과 몰입 걷기를 통해서 하루의 스트레스를 정화하는 효과도 있고 몸을 건강하게 하는 효과도 있다. 뿐만 아니라 문제를 해결하는 결정적인 아이디어를 만들어 내는 데에도 활용한다. 하나 더 있다. 자신의 몸과 마음을 위로하고 사랑해 주는 충전의 시간으로 활용해도 매우 좋다.

처음엔 그냥 걷는다. 단지 보폭을 조금 크게 할 뿐이다. 자연스럽게 몸에 힘도 들어가고 열도 나며 에너지가 충전되기 시작한다. 그러면서 서서히 마음의 문이 열리기 시작한다. 긍정의 문이다. 어려운 자신을 사랑하고 힘을 주는 말을 받아들일 수 있는 긍정의 마음이 생기는 유일한 시간이다.

우울증이란 무서운 병을 갖고 사는 사람들을 생각해 보자. 도저히 자신에게 힘을 주고 자신을 사랑한다는 말을 해 줄 수 없는 상태가 우울증인 것이다.

나는 나의 몸 구석구석에 말을 건넨다. 고맙다고 수고했다는 말을 한다. 하루도 빠짐없이 수많은 시간 동안 나를 옮겨주고 지탱해 준 나의 두 다리에게도 고생했고 고맙다는 말을 해 준다. 내가 하라는 대로 아무런 불평도 없이 수고해 준 나의 팔에도 감사의 말을 한다. 1년 365일 1분 1초라도 쉼 없이 일을 하는 나의 심장에게도 참으로 고맙다고 사랑한다고 말을 건넨다. 수십 년간 나의 모든 불평도 다 받아주고 해결해 주기 위해 끝없이 노력해 온 나의 소중한 머리에게도 고맙다고 수고했다고 말해 준다. 갑자기 몸의 여기저기에서 기뻐하는 외침이 들린다. 몸의 모든 요소가 힘을 모아선지 의욕이 생긴다. 하루의 스트레스가 다 정화되고 새로운 목표의식까지도 꿈틀거린다.

우리는 눈에 보이는 것만 존재하는 것으로 여기고 정작 소중한 것을 놓치고 산다. 행복은 이성보다는 감성의 지배를 받는다.

잠재된 자신의 능력을 믿고 그 능력을 경험해 보자

사람마다 엄청난 능력의 차이가 있다는 것은 모두 인정하고 있다. 자신의 능력도 자신의 마음가짐, 건강상태, 맡은 바 업무, 목표 여부 등에 따라서 엄청난 능력의 차이가 난다.

대부분의 사람들은 지금 자신의 모습이나 능력을 단정 짓거나 지금과 내일의 모습에 별 변화가 없을 거라고 생각하면서 산다. 매우 평범한 예로 같은 사람이 100m 달리기를 한다고 해도 좀 단련된 상태에서 의욕적으로 도전할 때와 게으르고 의욕이 없이 도전할 때와는 엄청난 차이가 난다.

현실적인 매너리즘에 지쳐 있을 때의 자신의 모습은 어떠한가? 또는 1시간 정도의 운동이나 빨리 걷기를 한 후 자신의 몸과 마음의 상태는 어떠한가? 열정이나 기분만으로도 엄청난 차이가 난다. 같은 사람, 같은 상황일지라도 목표가 없고 열정이 식은 자신의 모습이나 능력과 목표를 세우고 열정이 뜨거운 상태의 자신의 능력이나 모습에는 엄청난 차이가 난다는 점을 명심해야만 한다.

지금 당장의 모습만 보지 말자. 얼마든지 변화된 모습으로 성장할 수 있다. 사람은 작은 목표가 쌓여서 괄목상대한 변화를 가져온다. 많은 연예인도 처음엔 시골에서 사는 가난한 아이였는데 어떠한 계기로 지금의 내가 되었다는 말을 많이 한다. 내가 그 주인공이 될 수 있다. 평상시 모습이나 게으른 자신의 모습을 나의 전부라고 생각하지 말자. 무엇에 열정과 집중을 다했을 때 자신의 잠재된 놀라운 모습을 믿어보라. 누구든지 무명 시절이 있고 난 뒤에 스타가 되었다.

도미노 법칙처럼 자신의 작은 변화나 목표가 지속적이고 엄청난 성공과 변화를 가져올 수 있다는 점을 명확히 하자. 이제부터라도 잠재된 자신의 무한한 능력을 깨워 주겠다는 마음을 갖자. 그리고 일상의 변화 없고 권태로운 삶의 패턴을 변화시켜 보자. 책을 통해서, 몰입과 사색을 통해서, 업무에 관련된 작은 목표를 통해서, 운동을 통해서 등 작은 변화나 목표를 향한 열정의 씨앗을 심어 나가자. 반드시 싹이 트고 힘이 솟음을 느낄 수 있다. 꼭 대단한 성공이 아니더라도 얼마든지 즐겁고 건강하고 행복한 삶을 만들어 나갈 수 있다.

★ 나의 방법

사람의 마음은 변화무쌍하다. 화장실에 들어갈 때와 나올 때가 다르다. 잠시라도 몸과 마음을 충전하지 않거나 목표를 명확히 세우지 않으면 금세 의욕이 사라지고 초라한 모습으로 돌아간다. 또한 'I CAN DO IT!' 이란 일시적인 자기암시로 자신의 잠재된 능력이나 자신감을 솟구치게 할 수는 없다.

나는 하루의 업무가 끝난 후, 매일 저녁 10시 이후엔 걸어서 퇴근한다. 가장 피곤할 수도 있는 시간인데 빠른 걷기와 깊은 호흡으로 몸과 마음이 충전된다. 그때야말로 몸은 날아갈 것같이 가벼워지고 정신은 100% 충전된다. 어떤 아이디어도 저절로 떠오른다. 모든 일상의 스트레스가 정화되고 참신한 목표의식이 생기기도 한다. 이러한 하루의 작은 활력은 장차 엄청난 자신의 잠재능력을 불러오게 하는 원천임에 틀림이 없다.

매일매일 흔적도 없이 사라지고 마는 것이 퇴근 시간 아닌가? 그러나 작은 퇴근 시간의 행동 변화를 통해서 일상에서 필요한 모든 문제해결의 실마리를 찾았고 보통사람이 행복하고 성공적인 삶을 살아갈 방법을 알려 주는 책까지 쓸 수 있는 아이디어와 열정을 얻을 수 있었다.

나 자신도 특별한 생각이나 목표가 없을 때는 삶의 무기력함이 몰려오고 성취 욕구가 사라지고 초라한 자신의 모습에 한계를 느낀다. 그러나 운동으로 몸과 마음에 에너지가 충전된다든지 또는 목표를 세워 일정 시간 몰입으로 실행에 필요한 아이디어를 모을 때면 세상의 어떤 사람도 부럽지 않다. 또한 어떤 일이든 해낼 수 있다는 강한 자신감이 생긴다. 똑같은 사람임을 생각할 때 그 차이는 하늘과 땅 차이일 정도다.

자신의 삶을 진정으로 사랑한다면 이 책 속의 단순하고 쉬운 보통사람 성공법칙을 믿고 실천해 보자. 자신의 잠재된 특별한 능력이 당신을 멋지고 훌륭한 사람으로 만들어 줄 것이다.

·

행동 우선주의 벌떡 철학으로 습관화의 달인이 돼라

사람은 누구나 게으른 속성이 강하다. 학생들을 지도하다 보면 귀찮다는 말을 많이 한다. 아침에 일어날까? 말까? 잠시 고민하다가 그냥 더 자기가 일쑤다. 일상의 귀찮아하는 버릇이나 게으른 작은 습관이 성공적이고 행복한 삶을 살아가려는 자신의 소중한 소망을 영영 잃어버리게 할 수도 있다.

사람의 마음속엔 항상 두 가지 자아가 대립한다. 자신의 발전을 위해 긴장하고 절제하고 노력하고자 하는 긍정적인 자아가 있는 반면에 쉽고 편하게 살아가고자 하는 게으르고 부정적인 자아가 있다. 안타깝게도 대부분은 부정적인 자아가 일방적인 판정승, 내지는 KO승할 때가 너무 많다. 상식적인 얘기를 하는 것 같지만 매우 안타까운 현상인 것이다. 작은 게으름과 나태함이 실패와 불행의 씨앗이 될 수 있기 때문이다.

귀찮음과 게으름으로 무장한 부정적 자아는 매우 강력하다. 긍정적인 자아가 논리적이고 진정성 있는 의식을 동원하여 부정적인 자아를 다독이고 격려해 보려고 하지만 결국 부정적인 자아를 이기지 못한다. 사람의 근본 속성은 게으르고 당장의 편안함만을 추구하는 욕구가 매우 강하기 때문이다. 당장은 짧은 시간 동안 편하고 좋을지는 모르지만 자신과 소중한 가족의 삶을 불행과 절망으로 끌고 갈지도 모른다.

나태하고 부정적인 자아를 이길 수 있는 단순하고 강력한 무기가 있다. 그것은 바로 행동 우선주의 벌떡 철학이다. 부정적인 자아와 의논하거나 또는 할까? 말까? 판단하지 말라. 긍정적인 자아가 생각해 놓은 것이 있다면 행동 우선주의 철학으로 그냥 벌떡 일어나 행동하라. 그러면 의식이 저절로 따라온다.

할까? 말까? 판단하지 말라. 긍정적으로 생각한 것을 그냥 곧바로 실천해 버리면 된다. 일단 습관화되면 어떤 귀찮아하는 버릇도 쉽게 극복해 낼 수 있다. 어떤 일도 한 번 습관화되고 성취감을 흠뻑 맛본다면, 그다음부터는 무서울 정도로 행동의 힘이 커지게 되고 어떤 것도 쉽게 습관화할 수 있다.

아침에 일찍 일어나서 운동하기, 추운 날에 밖에 나가서 뛰기, 퇴근 버스에서 두세 정거장 전에 미리 내려서 걷기, 집 안에서 러닝머신 규칙적으로 뛰기 등 막상 실천만 하면 금세 성취감을 느낄 수 있는데 귀찮아하는 버릇 때문에 실천을 못 하는 것이 아닌가? 아침에 일어나기로 마음먹고서도 일어날까? 말까? 5분만 더 잘까 말까? 하고 판단하지 말라. 그냥 벌떡 일어나라.

귀찮아하는 버릇과 게으름을 행동 우선주의 벌떡 철학으로 극복하자. 누구든지 아침에 일어나기가 무척 어렵다. 특히 몸과 마음이 너무 피곤하고 힘들다. 그러나 벌떡 일어나 보자. 생각했던 것보다 피곤하지고 힘들지도 않음을 느낄 수 있다. 도리어 힘차고 더 즐거운 하루가 될 수 있음을 깨닫게 될 것이다.

★ 나의 방법

건강하고 행복한 삶, 더 나아가 성공적인 삶의 성패는 일상의 작은 습관에서 비롯된다. 일상의 작은 습관 중에서 가장 기본이면서도 중요한 습관 중의 하나는, 일찍 일어나는 습관과 꾸준히 운동하는 습관이다. 하루하루의 일상생활에 에너지와 열정을 공급해 주는 중요한 역할을 한다. 행복하고 성공적인 삶을 위한 첫 단추인 셈이다.

아침에 일어나기 전에 5분만 하고 미루니 또 5분을 미루는 것이 아닌가. 그러자 긍정적인 자아가 생각하지 말고 벌떡 일어나자고 말해 주었다. 잠시의 망설임도 없이 벌떡 일어났다. 행동이 앞장서니 의식이 억지로 뒤따라온다. 금세 의식도 잘했다고 자신을 칭찬하는 것이 아닌. 바로 이거구나. 귀찮아하는 버릇 편이었던 의식도 행동 편이 되어서 일찍 일어나는 행동이 쉬워졌다.

하루의 업무가 끝난 후 1시간 정도 빨리 걸어서 퇴근하는 습관도 행동 우선주의 벌떡 철학의 열매였다. 피곤한데 버스 타고 갈까? 추워서 걸

어가기 싫은데 어떡할까? 하는 망설임과 판단을 하다 보면 게으른 부정적인 자아가 이긴다. 한겨울철에도 사무실을 나오면 일부러 아무런 생각이나 판단을 하지 않고 그냥 곧바로 걷는다. 처음엔 찬바람에 추위가 매섭게 느껴지기도 했지만, 그것도 잠깐이다. 3분도 채 지나지 않아서 몸에서 에너지가 충전되기 시작한다. 매서운 찬바람조차도 시원하게 느껴진다. 참 잘했구나! 내면의 의식도 참 잘했다고 좋아한다. 점차 몸과 마음이 완전히 충전된 상태가 된다. 결국은 힘차고 즐거운 마음으로 집에 도착하게 된다. 그러니 걸어서 퇴근습관이 없어질 수가 있겠는가? 너무도 신나고 좋은데 말이다.

사람들은 일상의 권태로움 속에서 몸이 나른하거나 힘이 없을 때 쉬거나 잠을 자려고 한다. 스트레칭을 할까? 산에 갈까? 운동장을 뛸까? 생각하고 판단하다 보면 그냥 편히 TV를 보거나 잠을 자는 결정을 내리게 된다. 나는 힘이 없거나 무기력할 때는 아무 생각하지 않고 벌떡 일어나서 살살 천천히 뛴다. 밖에선 어디로든 뛰고, 집 안에서는 러닝머신 위를 뛴다. 빨리 뛰지 않고 천천히 꾸준히 10분이든 20분이든 30분이든 뛴다. 힘이 없으면 매우 천천히 뛴다. 천천히 걸으면 도리어 힘이 더 빠진다. 서서히 몸에 에너지가 충전되어 힘이 난다.

많은 양의 산소가 콧속으로 들어와 폐를 채워주어서 그런지 기분도 좋아진다. 살짝 땀이 나면 몸과 마음이 최고의 몸 상태를 유지한다. 부정적인 자아와 긍정적인 자아가 힘을 모으는 순간이다. 바로 그때 잠재된 능력에 싹이 돋고 꽃이 피는 것이 아닌가 싶다.

단순하고 꾸준한 운동 습관화로 육체를 충전하자

건강한 육체에 건전한 정신이 깃든다. 몸이 아프고 피곤한 사람에겐 아무리 좋은 말을 해 주어도 소용이 없다. 매우 상식적인 말이 아닌가? 상식적인 말치곤 이처럼 중요한 것도 없다. 과연 나는 육체적 건강을 위해서 얼마나 지혜로운 노력을 하고 있는가? 깊이 있게 반성해 보아야 한다.

열정과 목표를 가지고 성공적인 삶을 살아가기 위해서는 정신과 육체에 에너지가 필요하다. 사람도 전기자동차처럼 주기적으로 에너지를 충전해 주지 않으면 더 이상 힘을 낼 수 없다. 에너지를 충전하는 방법으로는 성공한 사람의 강연이나 책으로부터의 지식 등 외부환경으로부터의 충전과 자신의 몸과 마음으로부터 우러나오는 내부적인 충전이 있다. 외부적인 충전보다는 내부적인 충전이 훨씬 강한 힘을 발휘한다.

우리는 살아가면서 성공에 대한 욕구를 불태우며 살아간다. 그래서 성공한 사람들의 강연이나 그들이 쓴 책들을 무수히 접하면서 살아간다. 이러한 외부적인 충전은 그때만 잠시 욕구가 생길 뿐 뒤돌아서면 허공 속으로 사라진다. 필요한 것이기는 하지만 반복하다 보면 별 볼일 없는 낡은 경구일 뿐이다.

내부적인 충전은 자신의 몸과 마음속에서 우러나오는 것으로 자신을 혁신시키고 변화시킬 본질적인 힘을 가진다. 모든 실행의 결정적인 원동력은 내부적 충전이 강해야만 성공적인 실행이 가능하다.

내부적인 충전에서 가장 중요한 첫 단계는 육체적인 충전과 그를 바탕으로 정신까지 충전하는 것이다. 어떠한 전쟁을 치르더라도 승리할 수 있는 기반을 다진 셈이니 얼마나 중요한 일인가? 자신의 육체를 충전할 수 있는 자신만의 방법을 찾아서 습관화해야 한다.

★ 나의 방법

월요병이라든지 고된 노동을 하지 않았는데도 일상적으로 피곤하거나 몸이 무기력한 경우는 대부분 규칙적인 운동을 하지 않기 때문이다. 온종일 쉬고도 무기력한 때도 있고 온종일 일을 하고도 활력이 넘치는 경우가 있다면 어떻게 된 일인가? 도대체 자신의 몸을 통제하지 못하면서 어떻게 큰 목표를 이루며 성공적인 삶을 살아갈 수 있다는 말인가? '나는 내 몸과 마음을 통제할 수 있다.'라고 선언할 수 있어야 한다. 나는 하루의 바쁜 일과를 마치고 나면 몸과 마음이 피곤하다. 이때는 아무런

판단을 하지 않고 무작정 빨리 걸어서 퇴근한다. 매연이 없는 루트를 개발해 그 길을 따라서 힘차게 걷거나 천천히 뛴다. 빠른 걸음으로 1시간 정도 걸리는 길이다. 5분 정도 걸으면 매섭게 차던 바람이 시원해지고 10분 정도 걸으면 몸에서 열이 나기 시작한다.

20분 정도 이후엔 잠재된 의식이 깨어나기 시작한다. 일상에서 해결되어야만 하는 필요한 아이디어가 저절로 떠오른다. 하루의 바쁜 업무 속에서 생겨났던 온갖 스트레스가 다 사라지고 몸과 마음이 깨끗하게 정화됨은 물론 육체가 빵빵하게 충전된다. 추운 바람에 몸을 움츠리며 걸어가는 사람들이 이해가 안 될 정도이다.

집에 도착하면 언제나 활력 있고 사랑스러운 마음으로 가족을 맞이한다. 그간 수년 동안 퇴근 후에 인상을 쓰면서 가족을 맞이한 적은 단 한 번도 없다. 자정이 다 되어 가는 시간인데 하루를 다시 시작해도 좋을 정도로 에너지가 충전되니 얼마나 멋진 일인가.

여름이든 겨울이든 퇴근해서든 출근하기 직전이든 양치질을 하고 세수를 하고 머리를 감는 동안에 뜨거운 물을 세숫대야에 담아 족욕을 한다. 양치질하고 세수하고 머리 감는 데 10분 정도 걸리니까 10분 정도 족욕을 병행하는 셈이다.

족욕 효과는 해 본 사람만이 안다. 나의 경우는 심했던 발의 무좀이 모두 없어졌다. 매우 피곤함을 느끼다가도 족욕 후엔 몸과 마음이 상쾌함을 느낀다. 특히 추운 겨울 아침에 출근하기 전에 발 담그고 출근하면 몸과 마음이 매우 개운함을 느낄 수 있다. 뭐라도 잘할 수 있을 것 같다는 의욕이 든다.

족욕은 40도 정도의 따끈한 물에 발목이 모두 잠길 정도로 10분 정도 하면 효과적이다. 체온을 높이고 혈액순환을 원활하게 해 주고 혈관벽을 강하게 해 주는 효과가 있다. 혈관 속의 염증도 치료해 주는 효과가 있다고 한다. 사소해 보이는 일상의 습관이지만 꾸준히 실천한다면 얼마나 지혜로운 삶을 사는 것인가?

특히 주말 오후에 몸이 무기력하고 마음에 의욕이 없으면 할까? 말까? 망설이지 않고 곧바로 힘들지 않는 느린 속도로 어디로든 10분 이상을 뛴다. 그러면 곧바로 저절로 몸이 충전되기 시작한다.

직장과 집이 가까워진 지금은 집안에서 러닝머신 운동을 하고 있다. 10분 정도를 뛰면 저절로 몸에서 힘이 나기 시작하고, 15분 이상 뛰면 몸에서 땀이 나서 기분이 좋아지고, 20분 이상이 되면 몸이 100% 충전된다. 딱 한 달만 지속해서 실천하면 뛰는 즐거움을 느끼게 되어 습관화에 성공할 수 있다.

자신의 몸과 마음을 관리하고 통제할 수 있는 자신만의 좋은 습관을 만들어 놓고 언제든지 꺼내어 사용할 수 있도록 하자. 지금 당장 특별한 방법이 없으면 이 책 속의 방법을 그대로 모방해도 좋을 것이다. 여기서도 수용력만 강하다면 큰 노력과 경험 없이도 돈으로 살 수 없는 남의 지혜와 경험을 자신의 것으로 만들 수 있는 것이다.

건강관리 습관으로 5~10년 이상을 젊게 사는 것이 가능하다. 같은 나이대의 사람들보다 항시 5~10년 이상 젊게 살아간다는 상대적인 행복감을 느끼며 살아갈 수 있다. 처음엔 절대 무리하게 시작하지 말자. 습관화에 성공하기 위해서는 절대 서두르지 않는 마음이 중요하다.

에너지와 열정을 충전하는 나의 1일 Circle은 다음과 같다. '잠자기 전 누워서 자기암시와 복식호흡하기, 업무 시간 틈틈이 복식호흡하기, 틈틈이 자투리 시간에 벽이든 어디를 잡고 팔굽혀펴기하기, 퇴근 시 슬로우러닝하기, 퇴근 후 양치질하고 세수하는 동안에 따스한 물에 10분 족욕 하기, 잠자기 전에 10분 이상 스트레칭하기, 물병 옆에 놓고 물 자주 마시기, 과식하지 않기, 긍정적인 마음과 수용력 갖기' 등이다. 별도의 시간을 내지 않고 일상생활 속에서 자연스럽게 흘러가듯이 실천하는 나만의 Healthy Life-Circle이라 편하고 기분이 좋다.

처음엔 사소하고 작게 출발한 건강을 관리하는 좋은 습관이지만 지금은 이것들이 체계화되어 서울시민을 상대로 한 '건강관리 달인되기' 건강학교에 대한 교육사업 제안도 해 놓은 상태이다.

깊고 긴 호흡, 복식호흡이 중요하다

　호흡이나 몸속의 순환은 소중한 생명을 건강하고 행복하게 유지하는 근원이다. 길거리엔 비슷한 사람들이 걸어 다니고 있지만, 건강상태를 중심으로 한 삶의 질은 매우 다를 것이다. 같은 시간에 더 많은 양의 산소를 들이마시는 사람, 몸속의 순환이 원활한 사람이 훨씬 더 건강하고 행복하며 성공할 가능성이 클 것이다.

　깊고 안정된 호흡은 온몸에 깊숙이 숨어 있는 불필요한 에너지까지 끄집어내어 사용하기 때문에 쉽게 지치지 않고 건강을 유지하는 데 큰 도움을 준다. 얕고 빠른 호흡은 조금 전 먹은 음식만 에너지로 사용하기 때문에 쉽게 지치고 불필요한 에너지가 몸에 쌓이게 하여 결국엔 몸을 망치게 한다. 깊은 호흡은 몸과 마음을 안정시키는 것은 물론 혈액을 더욱 깨끗하게 하고 혈관을 튼튼하게 하는 데 많은 도움을 준다. 깊이 있는 의학지식을 떠나 상식적이고 간단한 논리이지만 얼마나 중요한 것인지 모른다.

　복식호흡으로 흉강을 넓게 만들어 폐활량을 늘어나게 하라. 깊은 호흡으로 활력 있는 육체와 살아 숨 쉬는 정신을 확보하

라. 복식호흡은 가슴으로 하는 흉식호흡과 대비되는 호흡법이다. 숨을 들이마실 때 아랫배를 내밀면서 5초 정도 코로 천천히 숨을 들이마셨다가 3~5초 정도 잠시 정지한다. 숨을 내쉴 때도 숨을 치아 사이로 5초 정도에 걸쳐서 천천히 조금씩 내쉰다. 좀 더 자세한 복식호흡의 방법이나 효과는 스마트폰으로 얼마든지 검색해 볼 수 있다.

육체적인 힘의 중심은 복부 아랫배이고 정신의 중심은 머리이다. 보통의 사람들은 1분에 17회 호흡한다. 1시간이면 1,020회, 하루 동안이면 24,480번 호흡을 한다. 한 번 하는 호흡의 질은 그 사람의 평생 건강에 엄청난 영향을 끼치는 것이다. 단순히 '나도 알고 있다'라는 말로 그냥 넘길 일이 절대 아니다.

육체가 더 중요하냐, 정신이 더 중요하냐 하는 말은 달걀이 먼저냐 닭이 먼저냐의 경우와 같다. 둘 다 중요하고 어디서 먼저 출발해도 좋다. 특히 바쁜 직장인이나 매너리즘에 노출되기 쉬운 주부 등 누구나 중요하고 필요하다.

복식호흡은 출근할 때 버스 안에서도, 전철 안에서도, 심지어는 걸어 다닐 때도 자연스럽게 실천할 수 있다. 꼭 요가 하듯이 자리에 앉아서 반가부좌 자세로만 할 수 있는 것은 아니다. 마음만 먹으면 지금 당장이라도 할 수 있다. 행복하고 건강한 삶을 원한다면 꼭 실천해 보길 바란다.

★ 나의 방법

전문적인 단전호흡 사설학원이나 공공기관 문화체육 기관을 통해 복식호흡을 배워도 좋을 것이다. 20년 전에 배웠던 기억이 나지만 복식호흡은 간단한 요령만 알아도 쉽게 실천할 수 있다. 유튜브 등에서도 그 방법이 자세히 나와 있다. 깊은 호흡인 복식호흡을 하려면 의도적이고 반복적인 연습이 필요하다.

아랫배를 부풀리면서 깊이 있게 숨을 들이쉬고 3~5초 숨을 멈추었다가 천천히 길게 숨을 내뱉는다. 방법은 쉽고 단순하다. 단지 꾸준한 연습을 통해서 복식호흡을 습관화하는 것이 중요하다. 복식호흡은 일상의 건강호흡으로 폐활량을 높이고 심신의 안정과 숙면을 통해 건강을 증진하는 효과가 매우 크다.

나는 잠자리에 누워서 30분 이상 복식호흡을 하다가 잠이 든다. 몸을 일자로 편히 누운 상태에서 두 손을 아랫배에 가볍게 올려놓는다. 아랫배로 숨을 들이마신다고 생각하면서 아랫배가 볼록 나오게 하면서 공기를 길고 깊게 들이마신다. 들이마신 상태로 잠시 숨을 3~5초간 멈춘다. 그리고 입술과 치아 사이로 5초 이상 천천히 숨을 내쉰다. 복식호흡을 하면서 하루의 일을 정리하기도 하고 생각하고 싶은 것에 몰입하다 보면 어느새 잠이 들어 버린다. 잠은 오래 잔다고 좋은 것이 아니다. 깊은 호흡으로 편히 자는 것이 매우 중요하다. 잠자기 전에 복식호흡은 아침에 거뜬하게 일찍 일어날 수 있게 해 주는 특효약이기도 하다. 20년 이상 고생하던 비염을 극복한 것도 복식호흡을 통해 폐와 코의 면역력을 키운 덕분이다.

별생각 없이 시간을 소모할 수밖에 없는 버스나 전철 안에서도 복식호흡을 단련한다. 아랫배에 힘이 들어가는 것만 느껴도 몸이 단련됨을 느끼고 몸과 마음에 힘이 생기는 것을 느낀다. 앉아서 업무를 볼 때도 복식호흡을 한다.

사소해 보이지만 일상생활에서의 깊게 호흡하는 습관은 육체의 건강은 물론 업무집중도를 높이는 일거양득의 효과가 있다. 한번 꾸준하게 실천해 보기를 강력하게 추천한다!

2장 Happy & Successful My Life를 위한

중요 내용 정리	
창의적 활용 의지	

3장

창의적인 삶을 위한 지혜의 샘을 만들어라!

———

내 앞에 주어진 문제를 효과적으로 해결하기 위해서는 창의
적인 생각이나 삶의 지혜가 필요하다. 자신의 몸과 마음속에 창
의적인 지혜를 만들어 내는 샘이 있다면 얼마나 멋진 일인가?
우리 삶의 대부분 문제는 사람이 만들어 낸 일이고 사람이 해결
할 수 있는 문제가 대부분이다. 어떤 방식으로 생각하고 접근하
느냐, 더 나아가 어떤 습관을 만들며 살아가느냐에 따라서 만사
형통이 될 수도 있고 그 반대가 될 수도 있다.

창의적인 사고능력은 특별한 교육을 받아서 키워지는 것이
아니다. 일상생활 속에서 고민되는 문제가 있는가? 좀 더 좋은
방향으로 해결해야 하는 문제가 있는가? 이러한 문제를 고민거
리로만 생각하고 고뇌한다든지, 한두 번의 생각으로 대충 해결
해 버리는 습관에서 벗어나야 한다. 세상의 어떤 문제라도 반드
시 좀 더 나은 정답이 있다는 확신이나 믿음을 가지는 것이 무
엇보다 중요하다.

일상의 고민이나 업무 관련해서 해결해야 하는 문제가 있을

때, 충분한 시간 그 문제에 대하여 몰입해 보자. 여러 번 반복적인 사색을 통하여 좀 더 나은 방법이나 특별한 대안을 생각해 내는 습관을 들여 보면 좋다. 일상의 모든 주의를 그 문제에 몰입하고 이런저런 방향에서 사색하다 보면 '아, 그렇지, 바로 그거야!'라는 감탄사가 나오는 경험을 해 보자. 이처럼 생활 속에서 의도적인 작은 노력만으로도 얼마든지 창의적인 사고역량을 키울 수 있다.

우리가 한평생 살아간다는 것은 많은 문젯거리를 만들어 내고 해결해 가는 과정이다. 어떤 문제를 만들어 내느냐? 또는 그 문제를 어떻게 해결해 가느냐에 따라서 그 사람의 삶의 질, 즉 행복과 불행이 결정된다. 결국 일상생활의 여러 문제에 대해 창의적인 방법으로 해결해 나가느냐 구태의연한 일상의 방법을 반복해 나가느냐에 따라서 성공과 실패도 결정될 것이다.

감성소통으로 행복한 인간관계의 비밀을 풀어라!

우리는 매일 매일 많은 사람과 관계를 맺고 소통을 하면서 살아간다. 사람들은 다른 사람과의 소통을 통해 희로애락을 느낀다. 마주하면 기분 좋은 사람도 있고 부담스러운 사람도 있다. 심지어는 만나기만 하면 싸우는 사람도 있다. 모두 자기의 입장만을 이성적으로 얘기하다가 자신의 마음에 차지 않으면 화를 내곤 한다. 바로 그것이 인간관계에서 항상 싸움과 갈등이 넘쳐나고 있는 이유인 것이다.

인간관계의 많은 갈등을 유발하는 이성소통, 감정싸움 소통을 해결할 수 있는 특효약이 있다. 바로 감성소통 기술이다.

인간관계와 소통에서 이성보다는 감성이 훨씬 효과적이다. '너는 그것을 해야 한다.'는 합리적인 이성과 '나는 그것을 하기 싫다.'라는 감성적 감정이 충돌하면 누가 이길까? '그것을 해야 한다.' '그것을 하면 좋다.' 등은 이성적 판단이다. '그것을 하고 싶다.' '그것을 하기 싫다.' 등은 감성적 판단이다. 아무리 이성적 판단이 옳다고 주장해도 하기 싫은 마음이 강하면 아무런 소용이 없는 것이다. 반대로 설사 하기 싫은 일이라도 '그래 해 볼게'라는 감성적인 마음이 생기면 얼마든지 할 수 있는 일이 되는 것이다.

가족은 편하고 허물이 없는 것이 특징이다. 그로 인해 서로 간의 배려나 절제심이 약할 수 있다. 합리적인 대화보다는 비판이나 지시 등의 대화를 통하여 감정적 다툼이 잦을 수 있다. 이때 부모 중의 한 사람이라도 감성적 대화를 유도해 나간다면 가족 간에 갈등이나 다툼이 많이 줄어들고 상처도 많이 치유될 수 있다.

정말 잊지 말아야 할 점이 있다. 아는 것과 실천하는 것은 하늘과 땅만큼 차이가 난다는 점을 인식하자. 뻔히 아는 내용이지만 감성소통을 잘 익히고 습관화하여 행복한 삶을 만들어 나가는 비밀 열쇠로 활용하는 지혜로운 사람이 되자.

감성소통의 의미

의사소통의 질은 인간관계의 행복과 불행을 결정짓는다.

인간관계의 처음도 의사소통이고 마지막도 의사소통이다. 그만큼 의사소통의 방법은 우리 삶의 질을 결정할 정도로 매우 중요하다.

대부분의 사람들은 자신의 이성적 판단이나 합리적인 근거를 바탕으로 소통하려는 경향이 강하다. 그러나 사람들의 성격과 상황은 저마다 모두 다르기 때문에 이성적인 논리만을 우선시하는 이성소통은 많은 갈등, 싸움, 이별, 이혼 등의 심각하고 극단적인 상황을 만들어 내기 쉽다.

감성소통은 이성보다는 감성적인 특징을 잘 살펴서 의사소통하는 것을 말한다. 상대방의 입장을 잘 살펴 가며 부드러운 표현을 쓰는 것도 대표적인 감성소통이라고 할 수 있다. 욱하는 감정을 잠시 내려놓는다든지 상대를 존중한다는 느낌을 전달하는 것도 효과적인 감성소통이 될 수 있다.

서로서로 이해하고 존중하며 친화적인 마음으로 상대를 대하고 표현한다면 얼마나 좋을까? 이러한 감성소통 대화법은 정해진 정답이 없으므로 일상의 다양한 상황에서 감성소통 대화법을 익히고 꾸준히 습관화하려는 노력이 중요하다.

〈상황별 감성소통 6가지 대화사례〉

▶ 상대방이 말하고 내가 들을 때

X 나쁜 소통	상대방의 말에 집중하지 않고 딴짓을 하거나 중간에 말을 끊는다.
결과	상대방의 기분이 상하거나 똑같은 반사행동으로 나도 기분이 상한다.
O 좋은 소통	끝까지 이야기를 들어주고 눈빛을 마주쳐 주거나 끄덕이며 공감하는 표정을 짓는다.
효과	상대방은 존중받는 느낌을 받을 수 있고 상호 간에 친화적인 소통이 가능하다.

▶ 내가 말을 할 때

X 나쁜 소통		상대방의 감정이나 표정을 살피지 않고 자신의 말만을 길게 말한다.
	결과	상대방은 지루해하거나 다시는 만나지 말았으면 하는 감정이 생긴다.
O 좋은 소통		나의 말을 상대방이 필요로 하거나 공감하고 있는지 표정을 살피며 간결하게 말한다.
	효과	상대방에게 깔끔하고 신뢰감을 주는 교양인으로 인정을 받을 수 있다.

▶ 상대방이 화를 낼 때

X 나쁜 소통		같이 화를 낸다든지, 논리적으로 자신의 주장을 팽팽하게 내세운다.
	결과	서로 간에 상황과 성격이 달라서 갈등이 더욱 커질 뿐이다.
O 좋은 소통		곧바로 맞대응 논리로 맞서지 말고 끝까지 들어준 후, 우선 상대방을 이해하는 말을 한 후 자신의 견해도 차분하게 말 한다.
	효과	상호 간에 감성이 순화되어 점차 격한 감정이 가라앉고, 서로 이해하고 배려하려는 마음이 생겨난다.

▶ 상대방에게 무엇을 부탁하거나 어떤 일을 시킬 때

X 나쁜 소통		자녀에게 일방적으로 지시하거나 논리적인 이유를 들어가며 요구 식으로 말한다.
	결과	겉으론 수용하는 척 할 수도 있지만 속으로 반발심이 생기고 인성이 왜곡된다. 또는 논리적인 이유로 강하게 거부하거나 갈등이 생긴다.

O 좋은 소통		미안해하는 마음을 먼저 말한 후 부탁을 하거나 완곡한 어투나 표정으로 부탁한다.
	효과	당장 싫은 일이라도 수용하려고 노력하거나 기꺼이 양보하고 승복하는 태도를 보인다.

▶ 상대방이 잘못했을 때

X 나쁜 소통		여러 가지 이유를 들어가며 격앙된 투로 상대방을 나무라며 시정을 요구한다.
	결과	당장은 잘못을 수용하나 진심은 아니다. 아니면 어디 싸워 보자는 식으로 행동이 돌변할 수도 있다.
O 좋은 소통		우선 차분히 왜 잘못을 했는지 자세히 들어본다. 이해하는 말로 잘못을 고쳐나갈 수 있도록 격려한다.
	효과	어려운 대처법이지만 한두 번 실천을 해 보면, 여유 있고 대범한 인간관계 전문가가 될 수 있다. 상대방은 진심으로 뉘우치고 나의 팬이 될 수 있다.

▶ 상대방이 어려움에 부닥쳐 슬퍼할 때

X 나쁜 소통		당장 내일이 아니라고 무관심하다든지, 반대로 여러 가지 해결책을 급하게 나열하며 말을 많이 한다.
	결과	상대방은 나를 진정한 친구로 여기지 않거나 도리어 의논하려고 한 것을 후회한다.
O 좋은 소통		함께 슬픔을 공감하며 어려운 상황에 대해 충분히 들어준다. 또는 조심스럽게 해결책을 권고해 주며 힘내라고, 잘 될 거라고 격려해 준다.
	효과	상대방은 마음이 편해지고 함께 할 진정한 친구가 있음을 느끼고, 스스로 해결책을 찾기가 쉬워진다.

감성소통을 적용하고 그 효과를 느껴 볼 수 있는 가장 쉬운 대상이 배우자나 자녀 등 가족이다. 우선 가족을 대상으로 실습해서 성공적인 감성소통의 효과를 체험해 보자.

감성소통의 씨앗은 정이다. 사랑과 지속할 수 있는 행복의 씨앗도 정이다. 행복은 감성적 느낌의 결과물이다. 우선 가정에서 감성소통으로 행복한 인성의 씨앗을 심어라. 이성보다는 감성을 동기부여 하라. 불가능을 가능하게 만드는 묘약이 숨어 있다.

융화적이고 친화적인 인간관계의 씨앗을 심어라. 상대방과 마주 대하기 전에 상대에게 의미를 부여하라. 누구나 나와 같이 소중한 존재이다. 상대의 선의를 의심하지 말자. 진심의 눈빛은 모든 냉소와 차가움을 녹일 수 있다. 진정한 인간관계 습관은 모든 성공적인 인간관계를 위한 핵심역량이다.

감성적으로 져 주는 것이 진짜 이기는 것이고 행복으로 가는 지름길이다. 대부분의 이혼 커플도 큰 문제가 원인이 되기도 하지만 대부분은 논리적인 작은 분쟁이 큰 감정적 싸움을 통해서 큰 상처나 적대감으로 발전된 것이다.

이성보다는 감성적 소통을 주로 하고 이성적인 작은 갈등의 불씨가 생길 때에는 감성적으로 양보하고 배려하고 져 주는 연습을 통해서 상대방을 순화시키고 감화시키자.

'말 한마디 천 냥 빚을 갚는다'라는 말의 의미를 되새겨 보자.

천 마디의 좋은 잔소리보다 감성소통을 통한 동기부여가 효과적이다. 아무리 좋은 말도 잔소리가 되어 버리면 소통할수록 갈등이 커지거나 마이동풍식의 허무한 불통만 결과로 남을 것이다.

감성소통법은 그리 복잡하지도 어렵지도 않다. 조금만 적극적인 자세로 익히고 실천해 나간다면 감성소통을 습관화할 수 있다. 이러한 감성소통 기술은 행복한 가정을 만들어 나가고 인간관계에서 친화적이고 융화적인 리더십을 발휘하는 핵심역량인 것이다.

★ 나의 방법

감성소통의 시작을 가정에서 시작해 보자.

나는 늘 아내를 측은한 마음으로 바라본다. 나를 믿고 나를 선택한 사람, 세상에서 나를 가장 위해 줄 사람, 내가 가장 행복하게 해 주어야 할 사람으로 생각하려는 마음을 가진다.

집에 들어가기 전에 일단 한 번 웃어 본 후 들어간다. 퇴근 후 피곤하다고 짜증을 내 본 적이 없다. 객관적으로 부도덕하거나 명확하게 그릇된 행동이 아니면 가능한 수용해 주려고 한다. 아내를 측은하게 여기는 마음과 소중히 여기는 마음을 유지하는 것이 감성소통의 시작인 셈이다. 그것은 내 마음의 행복과 안정으로 연결된다. 그래선지 이성적으로 따지려는 마음은 사라진 지 오래다. 닭살 돋는 말일지는 모르지만 매일 보아도 퇴근 후에 할 말이 넘친다. 매일 보지만 또 보고 싶은 사람이 나의 아내이다. 가능한 아내 앞에서 항상 웃는다. 그리고 실상은 예쁘지 않아도 예쁘다고 자주 말해 주고, 크게 보고 싶지 않아도 보고 싶다는 문자를 보낸다. 그러다가 서로의 감성이 순화되고 동화되어선지 진짜로 예뻐지고 보고 싶어진다.

대한민국에선 무자식이 상팔자라고 했던가? 가정마다 자식교육 때문에 바람 잘 날이 없다. 부모의 잔소리는 자녀들을 더욱 거친 인성으로 몰아붙이기 일쑤다. 자녀와 부모의 생각과 현실적인 상황이 서로 다르다. 그러니 말끝마다 갈등과 감정싸움이 반복된다. 서로의 마음을 이해 못 하는 것은 아니지만 상대의 감정이나 자존심을 건드리는 이성 중심의 표현과 감정적인 대응을 하다 보니 당연한 결과이기도 하다.

"우리 아들 예쁘네. 우리 아들 사랑해, 우리 딸 예쁘지."라는 말을 자주 해 준다. 자녀의 감성을 순화시킨 후 대화를 하면 수용력이 커진다. "수진아 예쁘지, 핸드폰을 걷으면 좋겠는데." "아빤 우리 아들 믿어, 공부하느냐고 힘들지? 아빠도 안 자고 기다려 줄게."라고 하며 공부에 힘들어하는 아들을 격려해 준다. "아빠 호혜적인 것이 무슨 뜻이야?" "응, 너와 내가 항상 서로 잘 주고 웃고 그러잖아. 너와 나는 호혜적인 거야."라는 말을 듣는 순간 우리 딸은 넘치는 행복감에 어찌할 줄 몰라 한다.

업무 중에도 상대방에 대해 배려해 주려는 마음도 감성소통의 중요한 사례이다. 의도적으로 또는 습관적으로 그릇된 행동을 한다면 따끔한 충고나 질책도 필요하겠지만 그렇게 근본이 잘못된 사람은 많지 않다. "괜찮아요. 천천히 하세요." "참 잘하셨네요." "언제든 불편한 점이 있으면 문자로라도 알려주세요."라고 종종 상대를 존중하는 말이나 배려하는 말을 해 준다. 편한 마음과 안정된 마음으로 업무에 최선을 다하는 모습을 볼 수 있다. 그러다 보면 상호 간에 융화적인 신뢰관계는 한층 커지게 된다. 업무의 효율성도 뒤따라오니 서로 간에 얼마나 마음이 편하고 좋은지 모른다.

●

자신만의 삶의 지혜 법칙을 만들어 나가라

우리는 책이나 강연에서 세계적으로 성공한 사람들의 명언, 법칙, 비결 등을 많이 접하게 된다. 그를 통해서 삶의 에너지를 충전하거나 어떤 일을 의욕적으로 하게 만드는 동기부여가 되기도 한다. 더욱 나은 자기계발을 위한 좋은 방법이기도 하다. 그러나 이는 주로 명확한 목적성을 가지거나 매우 강한 집착력을 가진 사람의 상황에 해당한다. 대부분의 사람들은 잠시 그때는 일정한 자극이나 계기를 부여받는 것처럼 보이지만 되돌아서면 금세 사라지고 만다. 좋은 동기를 부여받고 다시 원점으로 돌아가는 식이 반복되는 것이다. 자기계발서가 한창 인기를 얻다가 다시 인기가 시들해진 이유일 것이다.

외부적인 충전보다 내부적인 충전이 훨씬 영향력이 크다. 아무리 대단한 명언이나 법칙이라 하더라도 일상의 삶에서 자신이 직접 체험하여 다른 사람에게 자랑하거나 알려주고 싶을 정도의 것이 아니라면 아무런 소용이 없다. 아무리 작은 것이라도 자신의 경험으로 발견해 내거나 확신하는 것이어야만 가치가 있다. 일상적인 삶의 문제나 방식에 대해 자신만의 독특한 시각으로 문제를 해결해 보는 습관훈련을 통해서 당장 대단한 것은 아니더라도 자신만의 비결이나 법칙을 발견해 나가자. 새롭게 자기혁신이 시작되는 시작점이 될 것이다.

예전에 어느 한 23세 대학생에게 지금껏 살아오면서 자신만의 자기계발 비밀이랄까 삶의 비결이 있는지를 물어본 적이 있다. 그랬더니 질문을 기다렸다는 듯이 플러스 1시간 법칙을 매우 자랑스러운 태도로 열정을 가지고 설명해 주었다. 자신은 잠자기 전에 매일 1시간 정도는 덤으로 주어진 시간이라고 생각하고 그 시간엔 무조건 특정 자격증 관련 공부를 하였고 몇 개월 만에 합격했다는 것이다. 그리 대단한 경험이나 비결은 아니라고 할지는 모른다. 그러나 이 대학생은 자신만의 소신과 삶의 지혜를 계속 만들어 나갈 것이다. 장차 어떤 대단한 일을 할지도 모를 일이다. 행복하고 건강하고 성공적인 삶을 만들어 나갈 수 있는 자신만의 법칙이 있는가?

★ **나의 방법**
살아가다 보면 수많은 삶의 문제에 직면하게 되지만 이는 크게 인간관계의 문제, 건강관리의 문제, 경제적 문제 등으로 구분할 수 있다. 삶에서 발생할 수 있는 많은 문제를 쉽고 효과적이며 창의적으로 해결해 나갈 수 있는 자신만의 삶의 방식, 법칙, 가치관 등을 만들어 놓는다면 행복하고 성공적인 삶을 살아가는 데 큰 도움이 될 것이다.

언제든지 100% 수용력을 가지고 외부세계로부터 비결이나 삶의 지혜를 받아들이자. 그것을 자신의 경험을 바탕으로 실천해 나가면서 자신의 습관으로 만들어 나가자.

나는 지난 5년간 매일 밤 10시 이후에 1시간 동안 힘찬 걷기를 실천하며 퇴근하였다. 그 시간에 몰입을 통해 창의적 아이디어나 실천을 바탕으로 나만의 지혜 법칙을 여러 개 만들어 왔다. 주로 인간관계, 건강관리, 삶의 원리 그리고 나의 혁신을 위한 성공법칙에 관한 것이다.

책의 여러 부분에서 제시되겠지만 '몰입을 통한 아이디어 발상법, 행동 우선주의 벌떡 철학, 10-15-20 체력충전 법칙, 나만의 감성소통법, 4단계 보통사람 성공법칙, 그 외 책에 쓰인 모든 내용들' 등은 단순히 누군가의 강연이나 책의 내용을 옮겨 놓은 것은 전혀 없다. 나만의 몰입, 경험, 깨달음, 마음정리 등을 통하여 하나하나 습관화해 온 것들이다. 그리고 이 모든 요소는 행복하고 성공적인 삶을 위한 나의 인생에 큰 디딤돌이자 밑거름이 되고 있다.

나만의 삶의 법칙이란 것이 꼭 돈을 많이 벌고 경제적인 대단한 성공을 의미하는 것은 아니다. 나와 가족이 건강하고 행복한 삶을 유지하고 나 자신을 지속해서 발전시켜 나갈 정도라면 충분하고도 훌륭하지 않을까?

이 책의 모든 내용은 나의 경험과 마음 정리를 통해서 실천하며 습관화
해 온 자랑스러운 열매들이다. 자랑하고자 하는 의도는 절대 아니다. 우
리 모두가 함께 공유하며 건강하고 행복하며 희망찬 삶을 살아갈 수 있
으면 하는 마음일 뿐이다.

몰입을 통해 창의적인 아이디어와 열정을 발굴하자

　보통의 사람들은 겉으로 보이는 것만을 추구하고, 성공역량이 강한 사람들은 보이지 않는 정신이나 가치관, 아이디어, 가능성, 경험 등을 더욱 우선시한다.

　우리가 명확하게 인식하지 못하는 사이에 많은 기회나 지혜가 그냥 흘러가 버리고 만다. 어떡하면 눈에 보이지 않는 나의 가능성, 기회, 삶의 비결, 창의적 아이디어 등을 놓치지 않고 잡을 수 있을까? 그래서 나의 무한한 발전의 디딤돌로 만들어 나갈 수 있을까?

　몰입을 활용하여 보자. 몰입의 의미에 관해서는 여러 책이나 강연을 통해서 많이 접했을 것이다. 몰입은 일정한 목표나 주제에 대하여 지속적인 주의집중과 사색을 통하여 문제해결의 방법을 찾아가는 과정이다. 나의 경험과 습관으로는 고민이나 고뇌의 과정과는 근본적으로 다르다. 도리어 몰입을 통해 자유로운 사고의 즐거움을 느끼고 스트레스가 해소되기도 한다.

　세상에서 성공한 많은 사람들의 창의적 발명품이나 아이디어, 더 나아가 심오한 삶의 철학조차도 끊임없는 몰입의 과정을 통하여 탄생한 것이다. 결국 몰입은 무에서 유를 창조하는 원천인 셈이다. 일상의 사소한 문젯거리도 몰입의 과정을 통해서 쉽게 창의적인 해결책을 찾을 수 있다.

세상의 모든 것에 정답이 있는 것이 아니다. 단지 좀 더 정답에 가까운 것이 있을 뿐이다. 그런데 늘 정답과 먼 것을 선택한다면 살아갈수록 점점 어려운 삶을 향해 가게 되지 않을까? 반대로 몰입이란 창의적 사고를 통해 좀 더 정답에 가까운 답을 찾아낸다면 점차 희망찬 삶이 우리를 기다리고 있을 것이다. 아주 작은 사고방식의 차이가 엄청난 삶의 질을 결정지을 수도 있는 것이다.

몰입은 아주 편안하고 정적인 시간이나 자유롭고 활력 있게 걷는 시간에 매우 효과적이다. 특히 활력 있게 걷기는 육체적 충전에도 최고의 방법이기에 일거양득인 셈이다.

해결해야 할 일상의 문제가 있는가? 필요한 아이디어가 있는가? 절실한 삶의 목표가 있는가? 그렇다면 그중에 하나씩 내 머릿속 사고의 방, 몰입이란 선반 위에 살짝 올려놓자. 그리고 1시간, 1일, 1주일, 1달 등 일정한 시간을 정하여 끊임없이 몰입해보자. 재촉하지 말고 자유롭게 나의 의식을 믿고 몰입의 시간을 가져보자. 하나씩 떠오르는 아이디어와 플러스적인 발상에 성취기쁨은 물론이거니와 몸과 마음의 스트레스도 사라진다. 얼마나 즐겁고 멋진 일인가?

★ 나의 방법

나는 주로 출퇴근 시간에 몰입하는 것이 즐겁고 습관화 되었다. 몰입도 습관화를 통하여 그 효과를 더 크게 느껴 볼 수 있는데 출퇴근 시간이 가장 효과적이다. 매일 출퇴근 시간은 매일 주어지는 시간이기 때문에 무엇을 습관화하기에는 매우 좋은 기회인 것이다.

출근 시간의 몰입은 하루의 지루함이나 부담을 없애 주고 의욕을 충전해 준다. 퇴근 시간에 힘차게 걷는 동안의 몰입은 하루의 스트레스조차 정화해 주어 그 즐거움과 효과가 두 배이다. 힘찬 걷기를 통한 몰입으로 발전적이고 창의적인 아이디어가 샘솟을 땐 내 몸속에 엔돌핀이 가득 넘치는 느낌이다.

나는 무엇을 해야 할까? 어떻게 해야 할까? 더 좋은 방법은 없을까? 등 어떠한 주제나 문제에 대하여 안건을 상정하듯 일단 머릿속에 올려놓는다. 꼭 언제까지 시한을 두지 않는다. 사고의 작용은 너무 느슨해서도 너무 재촉해서도 안 된다.

누구든 무한한 잠재의식의 힘에 대해서는 이론적으로 많이 접해 보았을 것이다. 나는 몰입을 통해 나의 잠재의식의 능력을 믿게 되었다. 어떤 대단한 지적인 능력을 말하려는 것이 아니다. 언제든 내가 필요로 하는 문제에 대하여 스스로 해결해 낼 수 있는 아이디어 창고가 있다면 얼마나 든든한가?

나는 어떠한 문제든 필요한 아이디어든 일정 기간을 정해 놓고 출근 시간, 업무의 중간 중간 자투리 시간, 퇴근 시간, 잠자기 전 시간 등에 몰입사고를 지속해 나간다. 뭔가 목표가 있는 하루하루가 되어서 지루하지도 않다. 그리고 필요한 아이디어가 생기면 가다가 길을 멈추고 나의 문자에 기록해 놓는다. 즐겁고 뿌듯한 시간이다. 아무리 멀리 오랫동안 걷는 시간이라도 전혀 지루하지 않다. 몰입은 시간 활용과 하루의 커다란 활력소가 된다는 점에서 항상 곁에 있는 친한 친구와도 같다.

내 아이디어 창고, 나의 문제해결 창고에서 필요할 때 하나씩 하나씩 빼내어 나의 삶을 건강하고 행복한 세상으로 만들어 나가자. 세상엔 몰입 관련한 책들이 엄청나게 많지만 거창한 이론보다도 일상생활에서의 실천과 습관화를 통하여 정체되고 지친 자신의 삶에 큰 활력소를 불어 넣길 바란다.

• 좋은 습관을 만들어 삶의 수준을 업그레이드해 나가자!

습관화된 언행은 누가 하지 말라고 뜯어말려도 기어코 하고야 마는 강한 특성이 있다. 습관은 그 사람의 성격이자 인성이며 운명까지 결정한다. 따라서 좋은 습관은 우리 삶의 행복과 불행을 결정지을 수 있는 중요한 요소이다.

자주 화를 내는 사람은 사소한 일에도 화를 낸다. 잘 웃는 사람은 항상 웃으며 마음이 너그럽다. 부지런한 사람은 일상적으로 부지런하고 게으른 사람은 항상 게으르다. 부정적인 말을 많이 하는 사람은 항상 부정적인 시각으로 살아가고 긍정적인 사람은 항시 좋은 부분을 중심으로 원만하고 희망적인 삶을 살아간다. 상식적인 얘기치곤 너무나도 중요한 사실이 아닐 수 없다.

실천은 하지도 않으면서 '나도 아는 얘기야'라고 치부하고 그냥 넘기는 사람이 많이 있다. 그러한 성향의 사람들이라면 안 보이는 보물이라고 그냥 쓱 지나쳐 버리는 것과도 같지 않을까? 좋은 습관의 엄청난 가치와 중요성을 알고 있다면 '나도 아는 얘기를 가지고'라는 말로 그냥 넘겨 버리는 태도는 당장 버려야 한다. 그러면 절대로 삶의 발전적인 변화는 쉽게 찾아오지 않을 것이다. 아는 것도 의도적이고 지속적인 노력으로 자신만의 좋은 습관을 만들어 나가기 위해서 겸손하고 의도적인 노력을 해나가야 한다.

자신과 가족의 삶의 질은 물론 운명까지도 결정지을 수 있는 좋은 습관을 만들어 나가려는 지혜롭고 명확한 노력이 필요하다. 분명한 의도를 가지고 지혜로운 방법으로 노력하지 않으면 아무것도 변화되지 않는다. 작심삼일도 명확한 목표나 구체적 방법도 없이 의욕만 앞서기 때문에 발생한다.

좋은 습관 만들기에 필요한 4가지 요건

첫째는 습관의 중요성에 확신이 있어야 한다.

상투적인 말로만이 아니고 명확한 확신을 말한다. 그래야 자신에게도 강하게 실천의지를 불어 넣을 수 있다. 또한 가족이나 남들 앞에서도 그 중요성과 실천을 강한 확신으로 강조할 수 있는 것이다. 건성으로 '그건 나도 알고 있어'라는 말로 상대방의 선한 의욕마저 꺾어 버리는 사람은 되지 말아야 한다.

둘째로 하나의 습관목표를 구체적으로 설정해야 한다.

처음에는 쉬운 것으로부터 도전하는 것이 기본원칙이다. 여러 개를 동시에 욕심을 부리거나 처음부터 어려운 목표를 욕심

내려 하다간 항상 하다가 마는 사람으로 습관화된다. 좋은 습관을 만들려다 뭐든지 하다 마는 좋지 않은 습관을 하나 더 만드는 격이다.

셋째로는 일단 정해진 습관목표라면 그다음부턴 할까? 말까? 판단하지 말고 그냥 행동해 버리는 태도가 중요하다.

나는 행동 우선 벌떡 철학으로 할까? 말까? 판단하지 말고 곧바로 실천하는 행동 중심의 가치관이 몸에 배었다. 일단 행동부터 먼저 하면 금세 성취감이 생기기 때문에 게으르고자 했던 의식마저 나중엔 좋아한다.

마지막으로는 매일 실천 체크표로 실천도를 점검하며 끊임없이 자신에게 채찍과 당근을 주어야 한다. 실천도 체크를 하면 매일매일 구체적인 실천상황을 확인하게 되어 자신을 지속해서 동기부여 할 수 있게 된다. 자신에 대한 매일 매일의 반성과 칭찬은 어떤 일을 지속할 수 있도록 동기부여 하기에 매우 효과적인 방법이다.

매일 실천 체크표에 표시하며 1달 정도 실천하게 되면 1차 습관이 만들어지고 2달 정도 지나면 습관이 몸에 강하게 배게 된다. 1차, 2차 반복된 성취감을 강하게 느끼게 되는 과정을 통하여 평생습관이 될 가능성이 커지게 되는 것이다. 그리고 지속적인 실천 의지를 가지고 한 달, 두 달, 몇 달의 실천이 쌓이다 보면 자신의 삶이 질적으로 업그레이드되는 것을 확인할 수 있다.

하나의 좋은 습관 만들기에 성공하면 관성의 법칙처럼 몰입을 통하여 새로운 좋은 습관의 목표를 세우게 된다. 이러한 반복적인 좋은 습관 만들기 도전을 통하여 자신은 완전히 새롭게 혁신된 사람으로 거듭나게 되는 것이다.

★ 나의 방법

몇 가지 좋은 습관만 있어도 일상의 모든 생활이 안정적이고 건강하며 행복하게 흘러갈 수 있다. 이러한 하루하루의 일상이 모여 희망적인 미래가 만들어지는 것이다. 그리고 보면 만족스러운 삶을 산다는 것이 그리 어려운 일이 아니다. 그런데 많은 사람이 왜 이리도 어렵게 살아가는지 안타깝다.

성공적인 삶의 여부가 돈을 얼마나 많이 버느냐를 기준으로 하는 것은 절대 아니다. '얼마나 건강한 삶을 살아가고 있는가?' '얼마나 정서적인 안정과 행복감을 느끼며 살아가고 있는가?' '얼마나 자기계발을 계속하고 있으며 미래에 더 발전적인 삶을 기약할 수 있는가?' 등을 성공적인 삶의 기준으로 삼으면 좋을 것 같다. 바로 이러한 기준으로 나는 좋은 습관 만들기를 해 왔고 앞으로도 계속 그러할 것이다.

건강한 삶을 위한 나의 하루 습관 Circle

1) 아침엔 행동 우선주의 벌떡 철학으로 쉽게 일찍 일어난다.

귀찮고 나약한 심리가 있지만 일어날까? 말까? 판단하지 않는다. 벌떡 일어난 후엔 매우 잘했다는 만족감이 든다는 것을 확신하기 때문이다. 일어나자마자 20~30분 러닝머신 위를 즐겁게 뛴다. 처음에는 힘들게 느껴졌지만, 습관이 된 지금은 뛰는 것이 즐겁고 그 시간이 기다려진다. 러닝머신 위를 뛴 이후에는 곧바로 팔굽혀펴기를 70~100번 한다. 처음에는 20번 정도 하다가 서서히 늘린 것이다. 어떤 일이든 습관화되어 몸에 배면 그것을 즐기며 성취감을 극대화할 수 있다.

2) 양치질하고 머리 감고 세수하는 10분 정도의 시간을 이용하여 좀 뜨거운 물을 세숫대야에 받아 족욕을 한다. 별도의 시간을 허비하는 것도 아니어서 좋다. 지긋지긋하던 무좀도 없어졌지만, 더욱 좋은 것은 하루를 개운하게 시작할 수 있어 매우 좋다.

3) 출퇴근 시간에는 아랫배에 힘을 주어 호흡하는 복식호흡을 한다. 걷거나 버스를 탔을 때 살며시 아랫배에 힘을 주어 단전으로 깊은 호흡을 한다. 많은 산소를 들이마실 뿐만 아니라 안정되고 건강한 몸 상태를 온종일 유지할 수 있다.

4) 직장과 집이 걸어서 1시간 정도 떨어져 있었던 예전 4~5년 동안은 빨리 걷는 속도로 1시간 동안 힘찬 몰입 걷기를 하며 퇴근하였다. 기본 체력 증진은 물론 스트레스도 모두 해소되고 목

표 관련한 몰입을 통하여 아이디어 찾기를 하는 등 일거양득의 효과가 있었다.

5) 집에 와서도 10분 정도 아내와 족욕을 함께하며 대화를 나눈다. 아내도 습관이 되어 족욕을 하면서 대화를 즐긴다. 하루를 개운하게 마무리할 수 있어서 좋다. 또한 잠자기 전에 10분 이상 스트레칭을 한다. 하루 종일 경직된 몸의 유연성을 회복하는 것은 숙면에도 도움이 되지만 면역력 증진에도 매우 효과적이다.

정서적인 안정과 행복을 위한 감성소통 습관화

- 자녀나 아내와 많이 웃고 농담을 자주 하며 친구처럼 대화한다.
- 자녀와 아내에게 '예쁘다, 사랑한다!'라는 표현을 자주 한다.
- 부도덕한 일이 아니면 가능한 아내의 말을 수용하고 져 준다.
- 구체적인 칭찬, 격려하는 말 등 동기부여의 말을 자주 한다.
- '해 주세요, 해 주면 좋겠는데' 등의 겸양조나 부탁 어투를 사용한다.

이러한 감성소통은 복잡한 이론이 아니다. 의미를 명확히 새기고 일정 시간 의도적인 노력을 한다면 쉽게 실천할 수 있고 큰 행복감을 느낄 수 있다. '말 한마디로 천 냥 빚을 갚는다'라는 말의 의미를 잘 새겨 보자.

인생의 목표가 행복이라면 그 씨앗은 감성소통이다. 나는 감성소통으로 아내와 자녀에게 큰소릴 내거나 싸울 일이 없어서 매일 안정되고 행복한 마음이다.

자기혁신을 위한 RPD-2C 4단계 성공법칙

자신이 주도적으로 삶을 개척해 나갈 때 살맛이 난다. 책이나 강의를 통하여 성공적인 삶의 법칙을 배울 수는 있다. 하지만 그것을 그대로 모방하려 한다면 내적인 동기가 약하여 지속해서 실천하기는 어렵다. 배우고 들은 것을 수용하는 것도 중요하지만 그대로 수용하기보다는 자기만의 것으로 창의적으로 변형하여 자기화하는 과정이 훨씬 더 중요하다.

이 책에서 제시하는 보통사람 성공법칙이 좀 미흡할 수는 있지만 나 자신의 경험과 지혜를 모아 주도적으로 만들었다는 점과 스스로 실천이 가능하다는 데에 큰 의미가 있다고 생각한다.

나는 이 책의 내용이 힘들고 어려운 삶을 개척해 나가려는 우리의 보통사람들에게 용기와 희망을 주는 결정적인 모티브가 되기를 바란다. 그리고 나는 진정성과 열정을 다해 그분들을 도울 것이다.

▷ R(ready)은 '몸과 마음이 준비된 상태'를 의미한다. 우선 규칙적인 운동 습관화가 필요하다. 육체가 충전되어야 열정도 생기고 자신감도 생기도 성취 욕구가 생긴다.

규칙적인 운동으로 육체를 건강하게 단련하는 것은 물론이고 지금껏 자신이 하라는 대로 온갖 수고를 아끼지 않은 자기 자신에 대한 고마움과 사랑을 표현해야 한다. 소중하고 고마운 자신에게 수고했다고 말해 주자! 특히 운동할 때나 잠들기 전 잠자리에서 자신과의 대화의 시간을 가지면 좋다. 사람도 핸드폰처럼 하루하루 충분히 충전해 주어야 지속적인 힘을 낼 수 있다.

▷ P(plan)는 '구체적인 자기개선이나 발전 목표를 세우는 것'을 의미한다. R(ready) 단계 이후엔 성취 욕구가 강해져 마음만 먹으면 저절로 목표가 세워진다. 몰입을 통해 나에게 장단기적으로 필요한 목표를 생각해 본다.

목표로 하는 주제를 마음속에 품고 머릿속 사고의 선반 위에 올려놓고 몰입을 시작한다. 특히 퇴근 시간이나 주말에 몰입 걷기를 통해서 아이디어를 만들어 낸다. 몸과 마음이 충전된 상태로 몰입 걷기를 하면 저절로 많은 아이디어와 열정이 생긴다. 몇 번 실천하다 보면 몸과 마음이 쉽게 반응하는 것을 느낀다. 몰입을 통하여 목표에 대한 실행계획을 구체화하는 4단계 아이디어 발상법은 책의 뒷부분에서 제사하니 참고하길 바란다. 목표의 경중에 따라 1주일, 1개월, 3개월 등의 실행 기간을 정한다.

▷ **D(do)**는 '일정 정도의 몰입을 통해 합리적인 실행계획이 세워지면 곧바로 실천함'을 의미한다. 어떤 일이든지 처음엔 미흡해 보여 생각을 하면 할수록 부족해 보일 수 있다. 실천을 미루는 주된 심리적인 원인이다. 그러다 보면 너무 신중하여 우유부단한 성격이 습관화될 수 있다.

계속 뒤로 미루다 보면 추진에너지인 열정마저 식어 버리고 결국엔 마음먹었던 기회마저 놓치게 될 것이다. 일단 실천을 해 보아야 미흡했던 부분이 수면 위로 올라오고 개선을 통하여 완성도를 높여 나갈 수 있다.

어둠 속 내면의 고민과 불안에 편승하기보다는 밝음 속 현실의 실천만이 앞으로 나아갈 수 있는 에너지를 줄 수 있다. 하루하루의 꾸준한 작은 실행이 쌓이면 어떠한 큰 목표도 성취될 수 있음을 나는 믿는다.

▷ **C1(check)**은 '일일실천도 점검이나 개선점을 점검해 보는 것'을 의미한다. 하루하루 꾸준한 실천이 중요함은 모든 사람이 알고 있을 것이다. 단지 일회성의 의욕만 가지고는 성공할 수

는 없다. 사람은 누구나 게으른 속성이 강하기 때문에 일일실천도 체크표로 꾸준히 실천할 수 있도록 스스로에게 동기를 부여해야 한다. 일일실천도를 체크표에 표시만 해도 자기반성과 성취 욕구를 북돋아 주는 세뇌 과정을 통하여 지속적인 실천 가능성이 매우 커지게 된다. 효과적인 자기관리, 자기통제 기술이자 습관화의 기본이다.

실천과정에서 개선할 점이나 좋은 아이디어를 하나하나 정리해 나간다. 보통사람 4단계 성공법칙이라는 책도 5년간 하루하루의 경험이나 몰입 걷기를 통하여 얻어낸 아이디어들을 모아쌓은 결과물이다. 매우 즐거운 과정이었다.

▷ **C2(cheer-up)**는 '스스로에 대한 칭찬과 격려로 열정을 재충전하는 것'을 의미한다. 단체 협업을 할 때 단체 카톡방을 통해 상호 간에 위로하고 축하해 주고 힘을 주는 경우가 좋은 사례이다. 자신만의 목표를 수행할 때에는 자신만이 자신의 응원자가 될 수 있다. 다른 사람에게는 관심과 칭찬의 말을 아끼지 않으면서 정작 자신에게는 칭찬 한마디 하지 않는다.

자신에게 용기와 희망을 주는 것은 매우 중요하고 필요한 일이다. 거울을 보거나 또는 잠자기 전에 마음속으로 자신에게 '오늘 참 잘했다. 수고했다. 고맙다. 내일도 힘내자'라는 말을 해 주자. 처음엔 좀 쑥스럽기도 하다. 그럼 더욱 진심을 담아 말해 보자. 분명 매우 기뻐하고 뿌듯해하는 자신의 마음을 느껴 볼 수 있다.

자신의 마음속에 현실적인 어려움만을 걱정하는 어두운 마음이나 게을러 무기력해 하는 마음만을 얹어 주지 말자. 자주 자신과의 감성소통을 통해 행복과 사랑의 씨앗을 자신에게 심어 나간다면 얼마나 멋지고 훌륭한 일인가?

거창한 이론 학습이나 반복된 강연보다는 몸에 밴 좋은 습관이 쌓여 평생 지혜가 되고 행복하고 성공적인 삶을 살아갈 수 있는 큰 힘이 된다. 단순하게 '열심히 해야지, 진짜 열심히 해 봐'라는 일시적인 생각만으론 어떤 작은 것도 지속적인 습관화가 어렵다.

아주 작은 습관 한 가지 정도를 연습하기에 한 달이면 충분한 시간이다. 학교나 교육기관에서 좋은 습관 경연대회, 100% 수용하기 연습, 좋은 경험을 공유하고 창조적으로 개선하기, 다양한 부분의 강점 상 주기 등의 교육적 프로그램이 있다면 적극적으로 참여하길 권하고 싶다.

3장 Happy & Successful My Life를 위한

중요 내용 정리	
창의적 활용 의지	

4장
목표 세우기와 실행의 반복으로 성취인이 돼라!

적극적인 태도로 삶을 개척해 나가는 사람을 주도적인 성취인 이라고 한다. 자신의 삶이 만족스럽다고 말하는 사람은 많지 않다. 대부분의 사람들은 끊임없는 고민이나 욕구불만을 가지고 살아간다. 어쩔 수 없는 당연한 현상일지도 모른다. 그러나 삶의 여러 가지 문제에도 불구하고 삶의 만족도가 큰 사람들이 있다. 삶의 여러 문제들을 주도적이고 긍정적이며 열정적으로 해결해 나가려는 성취인적 성향이 강한 사람들이다.

아무도 자신의 문제를 대신 해결해 줄 사람은 없다. 건강 문제, 업무상의 성취도 문제, 인간관계 갈등의 문제 등은 자신만의 역량으로 해결해 나가야만 한다. 따라서 평상시 행복하고 성공적인 삶을 살아갈 수 있는 역량개발에 관심을 두고 꾸준히 노력해 나가야 한다.

적극적이고 열정적인 실행력은 자신을 주도적인 성취인으로 변화시켜 나가는 첫걸음이다. 조직생활이든 가정생활이든 활력 있고 열정적인 분위기가 중요하다. 서로 격려해 주고 상호 간의 성취를 인정해 주는 분위기가 얼마나 중요한가? 내가 먼저 성취인적 성향으로 자신을 변화시켜 나가자. 자신은 물론 함께 하는 가족, 친구, 회사 등 모두가 성취감과 행복감을 느낄 수 있는 기초토양이 될 것이다.

작은 성취 연습으로 성취인의 씨앗을 심자

성공한 대부분의 사람들은 주도적이며 성취 욕구가 매우 강하다는 공통점이 있다. 커다란 성공도 작은 성취가 모여 만들어진 결과물이다. 성취인적 성향은 저절로 만들어지지 않는다. 밭에 씨앗을 뿌려야 새싹이 돋아나듯 연습을 통하여 성취인의 씨앗을 뿌려야 한다.

주도적인 성취인이 되기 위한 연습은 간단하다. 평소에 어떤 일을 할 때 일정한 목표를 부여하고 하루하루 그 성취도를 표시하고 반성하는 것만으로 50% 이상은 성공한 것이다.

예를 들어 팔굽혀펴기를 할 때에도 목표 세우기의 중요성은 명확하게 나타난다. '팔굽혀펴기를 30번은 해 보자'라고 목표를 세운 후 시도하면 매우 힘들어도 30번은 채우려고 노력하게 된다. 힘든 것을 참아내고 목표를 달성한 성취감을 느낄 뿐만 아니라 점차 더 큰 도전을 향한 성취 욕구가 저절로 생긴다. 하지만 '그냥 해 볼까?'라는 상태에서 시도하면 20번 정도 내외에서 멈추고 만다. 조금만 힘들어도 쉽게 포기하게 된다. 성취감은

고사하고 '팔굽혀펴기는 고달프고 힘든 거구나'라는 의식이 커지고 쉽게 포기하고 마는 성향이 더욱 강해질 것이다. 얼마나 중요한 삶의 지혜인가?

사소한 삶에서 큰 교훈을 발견하고 실천해 내는 진정한 용기는 성취인이 되는 매우 알찬 씨앗이다. 의도적인 연습을 통해 단련되지 않은 일상적인 마음으로는 사소한 일도 제대로 해결하기가 쉽지 않다. 설사 어렵게 해서 일구어 낸 공든 탑이 있다 하더라도 언제 쉽게 무너질지도 모른다. 그러나 의도적이고 적극적인 도전과 열정으로 일궈 낸 성취는 강한 디딤돌 위에 세운 공든 탑이기 때문에 한 번 쌓아 올린 공든 탑은 쉽게 무너지지 않는다.

한 번 성취감을 느끼기 시작하면 눈덩이처럼 커지는 관성의 힘으로 시간이 갈수록 자신의 놀라운 변화와 발전을 가져올 것이다. 한 가지를 제대로 배우고 실천하며 성취감을 느끼면 저절로 능동적인 성취인이 되어 많은 것을 해낼 수 있다.

자신의 잠재능력을 믿자. 한 번뿐인 인생살이를 비굴하게 살지는 말자. 가족이나 이웃들에게 성취감과 행복감을 나눠줄 수 있도록 '한 번 열정적으로 살아 보자'라고 자신에게 선언해 보아도 좋을 것이다.

목표가 없으면 정신은 죽는다. 일상의 목표가 없으면 온종일 의욕도 없고 할 일도 없고 열정도 없는 하루하루가 지속된다. 목표는 일상생활의 생명이요 희망이다. 작은 목표라도 자주 세우고 실행해 보는 습관은 성취인적 삶을 살아가는 지름길인 셈이다.

삶의 목표를 반드시 거창한 것만을 생각할 필요는 없다. 자신의 생활영역을 가정생활, 자기계발, 업무관련, 인간관계, 기타 하고 싶은 일 등으로 나누어 목표를 세분화하여 세우면 된다. 목표가 있으면 하루하루 몰입할 대상이 있어서 일상생활이 지루하지도 않고 즐겁다. 얼마든지 목표는 늘 친한 친구처럼 곁에 두고 즐겁게 소통하며 누릴 수 있는 것이다.

멀지 않은 훗날 큰 성취인으로 우뚝 서기 위해서는 지혜로운 방법과 반복적이고 끊임없는 연습이 필요하다. 축구시합이나 학교 시험을 볼 때도 끊임없이 배우고 또 배운 것을 여러 번 반복적으로 연습해야만 결과가 좋다. 정작 중요한 삶을 살아가는 것도 일상에 주어진 대로 순응하며 살아간다면 엄청난 실수이다. 결코 만족스러운 삶을 살아갈 수 없을 것이다.

> ★ **나의 방법**
> 성취인의 삶을 살아간다는 것은 작심삼일을 반복하지 않는 것으로 충

분하다. 작심삼일을 반복하지 않으려면 처음엔 작은 목표에 도전해야 하고 하루하루의 실천도를 표로 만들어 점검해야 한다. 어떤 목표를 지속해서 실행하여 성취인적 성향을 습관화하기 위해서는 일회성의 의지나 선언만으론 작심삼일로 가는 지름길이다. 자신 속에 있는 게으르고 부정적인 자아를 이겨내고 긍정적인 자아가 주도권을 갖게 하기 위해서는 매일매일 꾸준한 에너지와 열정을 충전해 주어야 한다.

나는 생활영역을 가정생활, 자기계발, 업무관련, 인간관계, 기타 하고 싶은 일 등으로 나누어 목표목록을 만들어 우선순위를 정하여 실천한다. 작은 목표는 일주일 내에 달성되기도 하고 큰 목표는 1년 이상이 걸리기도 한다.

나는 규칙적인 운동이나 기타 목표를 실천할 때에는 일일실천도 체크표로 목표로 한 것을 꾸준히 실천할 수 있는 에너지와 성취 욕구를 스스로 동기 부여한다.

일일실천도 체크표는 매우 잘함(◎), 잘함(○), 보통임(△), 실천 안 함(×) 등으로 구분하여 표시한다. 하루하루의 실행도 표시는 하루하루의 반성과 욕구 충전의 기회를 준다. 사람은 누구나 잘 해 보고 싶은 욕구가 있기 때문이다.

나는 꾸준한 운동을 가장 중요하고 가장 급한 일상의 목표로 생각하고 실천하고 있다. 규칙적인 운동은 건강하고 긍정적인 정신력을 유지하는 데 가장 중요하기 때문이다.

몸에 힘이 없으면 건전한 정신은 힘을 잃고 모든 열정이 사라질 수 있다.

어떤 일도 제대로 할 수도 없다. 현실적인 상황이 아무리 어려워도 운동을 꾸준히 할 방안을 찾아야만 한다. 아침이든 저녁이든 한밤중이든 점심시간이든 운동할 방법이나 시간을 계획하고 꾸준하게 실천해 보자. 얼마나 일상생활의 활력소가 되는지를 경험을 통해서 성취감을 느껴 보라.

『보통사람 성공법칙』이란 책도 일상의 작은 성취가 모인 결과물이다. 보통사람들이 좀 더 건강하고 행복하며 성공적인 삶을 살아가는 데 도움을 주고 싶다는 사명감으로 하나하나 아이디어와 지혜를 모아왔다. 또한 책 속의 내용이나 철학을 바탕으로 보통사람 유튜브대학TV라는 유튜브 채널이나 보통사람 성공법칙 블로그도 운영하고 있고 서울시에 건강관리 달인되기 건강학교 프로그램도 제안하게 되었다.

가장 희망이 없는 사람은 변명을 입에 달고 사는 사람이 아닐까 한다. 반대로 가장 희망적인 사람은 어떻게든 방법을 찾아내려는 긍정적이고 적극적인 성향의 사람이다. 어떠한 경우이든 완전한 정답이 아닐지라도 반드시 차선의 정답은 존재한다. 이 세상의 엄청난 기술적 진보도 모두가 몰입과 사고를 통하여 만들어진 것이다. 하물며 아주 작은 여러 가지 삶의 문제에 대한 바람직한 해결책을 찾지 못할 일이 어디 있겠는가?

●
적성과 재능을 발굴해 내는 방법

적성에 맞는 진로를 꾸준히 개발해 나가는 것은 교육의 본질이며 삶에서 매우 중요하다. 그러나 누구도 자기 자신의 적성과 진로를 명확히 판단하기는 어렵다. 단지 여러 가지의 진로적성 검사로 성격에 따라 대략적인 분야나 방향 정도나 판단해 볼 수 있을 뿐이다.

초중고 시절에 적성이나 진로 관련 각종 검사를 하지만 추상적인 이론으로 치부해 버리는 경우가 많다. 대학 입학도 성적이나 학교의 명성, 학과전망, 취직률 등을 기준으로 학과나 진로를 결정하는 경우가 대부분이다. 결국은 적성에 맞게 진로를 개발한다는 것은 매우 어려운 현실이다. 그렇다고 자신의 소중한 미래의 성패를 가늠 지을 수 있는 중요한 적성이나 진로를 마냥 내버려 둘 수는 없다. 시간이 흐르고 나이를 먹는다고 저절로 적성에 맞는 진로개발이 되는 것도 아니다.

누구든지 자신 깊숙이 숨겨져 개발되지 않은 적성이나 재능을 찾아내기란 쉽지 않다. 그것이 무엇인지 영영 모른 채 인생을 마칠 수도 있다. 일상의 작은 경험과 새로운 도전을 통해서 적성이나 재능을 찾아내는 것이 중요하다. 적성과 재능에 맞는 진로를 개발해 내는 데는 정답이 없다. 다만 자신의 진로적성 개발을 위한 능동적인 사고와 관련 활동이 필요하다.

대학 입학 전인 청소년의 경우에는 적극적이고 진정성 있는 자세로 여러 종류의 진로적성 검사를 통하여 대략적인 분야를 생각해 본다. 우선은 자신의 진로 핵심이나 진로연계 관련 과목을 집중공부해 보는 것이 중요하다. 그 과정에서 특정 과목의 내용을 터득해 나가는 성취감을 느낀다면 그 과목과 관련하여 진로를 판단해 보는 것도 효과적이다. 또한 다양한 검사기관을 통한 수차례 진로적성검사 결과와 자신의 평소 생각이나 부모와의 대화 그리고 주변 사람들이 들려주는 자신의 장점 등을 고려하여 3~4가지 진로를 정한다. 또한 온라인과 오프라인 각종 매체나 여러 교육기관을 통하여 진로관련 직·간접 체험활동을 해 보는 것도 효과적이다.

직·간접적인 진로적성 활동을 통하여 자신의 진로분야를 1~2개로 줄이고 마지막으로 1가지로 압축해 나가는 합리적인 의사결정 과정을 통하여 진학대학이나 학과를 결정하면 좋을 것이다. 가만히 앉아서 기다리는 방식이나 나중에 점수에 맞추어 학과나 진로를 정하는 방식이라면, 훗날 후회를 하며 진로를 또 바꿔야 할 수도 있다.

사회생활을 준비하고 있는 예비 사회인이면 최종적인 진로를 정하여 취직하기 전에 어떤 일, 어떤 분야가 자신의 적성과 재능에 맞는지 또는 미래의 비전이 있는지를 구체적이고 순차적으로 생각해 보아야 한다. 그리고 어느 일정한 시점에서 확신하는 분야가 있다면 그 분야에 필요한 나의 역량을 점검해 보고 부족한 부분을 채우기 위한 세부적인 노력을 해야 할 것이다. 어떠한 노력이 필요한지는 스스로 판단하기 어려울 수 있으므로 관련 독서나 관련 직업에서 경험이 풍부한 사람에게 자문하는 능동적인 자세가 중요하다.

자신만의 삶의 철학이나 진로 관련하여 창의적인 고민이나 노력도 없이 단순히 기업의 명성이나 근무 조건만을 보고 취직을 했을 때는 업무관련 불만족으로 수동적인 회사생활을 하거나 업무 부적응으로 결국은 퇴사 등 실패를 경험할 가능성이 크다. 반면에 기업의 규모나 근무 조건을 떠나서 자신의 적성이나 재능에 맞는 분야의 일을 선택했다면 능동적이고 창의적인 직장생활을 통하여 점차 그 회사에서 주도적인 역할을 하거나 퇴사후 자기 분야에서 전문가로서의 성공역량을 갖추게 될 것이다.

대학 졸업 후 사회생활을 할 때에는 지금 자신이 하는 1가지 분야에 최대한 몰입하여 창의적인 업무처리를 시도해 보며 주어진 일에 대한 성취감을 느껴 보는 것이 중요하다. 자신이 하는 분야에서 인정을 받거나 생산성이 높았을 때는 높은 만족감과 성취감으로 하는 일이 즐거울 수 있다. 결국은 지금 하는 일이 적성이고 재능을 발휘할 분야가 되고 또 그 분야에서 높은 성취를 할 가능성이 크다. 그러나 지금 하는 일에 적극적인 태도로 몰입하지 않으면 자신의 적성이나 재능 여부를 떠나서 낮은 성취감으로 그 일이 하기 싫어지게 되고 퇴사 등 실패의 길로 귀결될 뿐이다.

어떤 일이든 정답은 없지만 더 나은 방법은 있다. 자신과 가족의 인생이 걸린 문제에 대해 긍정적인 몰입과 합리적인 자기 의사결정 과정을 통하여 장차 100세 시대의 긴 삶을 만족스럽게 살아갈 수 있는 지혜로운 판단을 하길 바란다.

★ 나의 방법

『보통사람 성공법칙』이란 책을 쓰고 있는 저자도 대학 졸업 후 별다른 고민 없이 대기업에 입사하였지만 2~3년을 버티지 못하였다. 업무의 특성은 물론 조직 내 경직된 위계질서에 대한 환멸과 부적응이 원인이었다. 퇴사 후 급한 마음에 도자기 관련 작은 사업을 시작하였지만 3년을 못 버티고 문을 닫았다. 6년 정도의 시간은 나의 인생에서 황금기와도 같은 소중한 시간이었지만 나의 청년 시절의 열정과 많지 않던 자본마저 모두 잃게 만든 어두운 시간이었다.

그 후 교육 관련 일에서 좋은 멘토를 만나게 되었고 초기엔 여러 가지 과정적인 어려움이 있었지만, 나의 적성과 재능에 맞는 일이었다. 교육 관련 일을 한 지 25년 정도 된 지금은 이렇듯 나의 분야에서 전문가가 되었고 창의적이고 열정적인 목표를 가지고 책 출간도 준비하고 있다. 내 인생의 새로운 미션은 우리의 보통사람들이 소중한 삶의 목표인 'Happy-Successful Life'를 실현하는 데 함께 지혜를 나누고 힘을 북돋아 주는 일을 하는 것이다.

자신의 적성과 재능에 맞는 진로를 개척한다는 것에 정답이 있는 것도 결코 쉬운 일도 아니다. 그렇다고 혼자서만 고민을 한다면 더더욱 어려운 일이 될 수 있다. 서로 간에 정보, 의견, 경험 등을 공유하거나 경험이 많은 멘토를 통해서 지혜를 얻는다면 생각보다 어렵지 않을 수도 있다. 세상의 모든 일은 어떻게 생각하고 실천하느냐에 따라서 어떤 일이 매우 불가능할 수도 있고 그리 어렵지 않을 수도 있는 것이다.

●
서두르지 말되 꾸준히 하고,
신중하되 우유부단하지 말자

　어떤 일을 급하게 서둘러 하려는 사람과 조금씩 나누어서 꾸준히 하려는 사람이 있다면 누가 더 성공할 확률이 높을까? 급하게 서두르면 또한 급하게 멈춰야 하는 이유가 생기거나 일을 그르치는 경우가 많다. 반면에 일을 나누어 조금씩 꾸준히 하는 사람은 하던 일을 쉽게 멈추지 않는다. 토끼와 거북이의 일화에 비유될 수 있다. 꾸준하게 실천해 나가다 보면 성취에 대한 근성이 점진적으로 커지는 효과가 있다.

　중요하고 대단한 일일수록 짧은 시간에 쉽게 이루어지지 않는다. 멈추지 않고 꾸준히 실행해 나가는 전략을 통하여 어떤 어려운 일이라고 결국 해내고 마는 근성과 습관을 만들어 나가야 한다. 이러한 근성이나 습관은 단순한 생각이나 말로 이루어지지 않는다. 의도적인 훈련이나 경험을 통해 심리적인 가치기준과 행동 패턴을 변화시켜야만 한다.

　신중한 것이 지나치거나 너무 완벽성을 추구하다 보면 필요할 때 결단을 내리지 못하고 기회를 놓쳐버리는 우유부단한 성격의 소유자가 될 가능성이 크다.

대부분의 사람들은 심사숙고와 실행, 이론과 실행의 비율이 7대 3이나 8대 2, 심지어는 9대 1로 치우치는 경우가 많다. 어떤 일이든 실제 실행에 옮긴 후 '얼마든지 할 수 있는 일인데 왜 그렇게 머뭇거렸을까?'라고 후회하게 된다. 결단력 있는 신속한 실행을 통해 이론이 더욱 확고하게 다져지고 보완될 수 있다.

우유부단한 성향이 습관화되면 자신에게 주어지는 많은 기회를 놓치게 할 뿐만 아니라 많은 시간을 허비하게 만든다. 또한 어렵게 충전했던 열정마저 식게 만들거나 심지어는 아예 사라져 버리게 할 수도 있는 것이다.

★ 나의 방법

나는 일정한 목표를 세웠을 때 처음부터 무리하게 많은 양을 하려고 하지 않는다. 우선 날짜별로 분량을 조금씩 쪼갠다. 그리고 일일 체크표를 만들어 실천도를 표시해 나간다. 그러면 스스로에 대한 반성과 격려를 통해서 하루하루 꾸준하게 실천할 힘을 얻는다.

자동차가 계속 움직이려면 휘발유, 에너지가 필요하듯이 사람도 지속해서 생산적인 활동을 하기 위해선 에너지가 필요하다. 에너지가 부족한 사람은 더 이상의 발전이 어려울 것이다. 자기 자신에게 성취동기를 불러일으킬 수 있는 자기관리 비결이나 생활습관의 변화가 필요한 이유다.

나는 어느 정도 이론과 경험을 바탕으로 목표가 생기면 곧바로 실행계획을 세운다. 일정한 기간의 몰입이나 생각정리를 통해 실행계획에 대한 아이디어를 모은다. 모아진 구체적인 실행안에 대한 1, 2차 정도의 검토를 마치면 더 이상의 이론적인 부분에는 신경을 쓰지 않고 곧바로 1차 실행에 들어간다. 그리고 실행과정에서 교정과 개선을 통해 좀 더 완벽함을 추구해 나간다.

하나의 이론에 대한 사람마다 시각은 각양각색이고 시시각각 변한다. 중요한 점은 표현만 다를 뿐 이론상의 핵심은 별 차이가 없다는 점이다. 바라보는 위치나 상황에 따라 조금씩 차이를 낼 뿐이다. 중요한 것은 자신이 생각했던 초기의 확신과 열정이고 그에 대한 실행인 것이다. 어떤 목표를 실행하기도 전에 불안한 마음으로 지나치게 반복적인 검토나 수정을 하다 보면 실행도 하기 전에 지치고 열정이 식어 자신감마저 잃을 수 있다. 결국엔 생각은 많은데 실행을 못하는 경우를 많이 경험했다.

세상은 끊임없이 변화하고 있다. 완벽한 것은 하나도 없다. 언제까지 완벽증으로 제자리 뛰기를 계속하고 있을 것인가? 처음엔 불완전해 보여도 실행을 통하여 점진적으로 완전함을 추구할 수 있다. 어린아이가 처음엔 비틀거리며 자전거를 불안하게 타지만 점차 노련하게 자전거를 타며 성취감을 느끼는 모습에서도 우리는 삶의 큰 원리를 배울 수 있다. 일정 시간의 경험으로 특정한 일에 확신과 열정이 있거든 더 이상은 할까? 말까? 판단하지 말자. 그냥 곧바로 실행하자. 그러면 곧이어 작은 열매라도 맺힐 것이다. 그러면 그 성취한 열매를 먹으며 힘을 얻어 좀 더 크고 새로운 도전을 할 수 있다.

수년간 열심히 배우고 익혀서 어떤 일에 대한 확신과 열정이 있거든 더 이상은 더 배워야 할까? 말까? 하고 망설이지 말고 곧바로 목표와 구체적인 실행계획을 세우고 실행하라. 그러면 곧바로 성취인의 씨앗이 마음속에 심어질 것이다. 이것을 몇 번 반복하다 보면 저절로 더 큰 성취를 위해 도전하는 대단한 사람이 될 것이다.

Only one focus 목표실행 전략으로 성취도를 높이자

핵심적인 삶의 지혜 1가지만이라도 깊이 있게 터득하여 그것을 어떤 일에 대한 성공적인 실행으로 연결할 수 있는가? 전문가로 발돋움할 수 있는 지름길이다. 좋은 것이 너무 많다고 해서 여러 가지에 몰입하는 순간, 말만 많은 공허한 이상주의가 될 수 있다. 실생활에선 별다른 열매도 없이 말만 요란한 사람으로 변해가는 것을 주의해야 한다.

케리겔러란 사람은 복잡한 세상을 이기는 단순함의 힘을 '한 가지에 집중하라'라고 말한다. '세상의 위대한 변화는 차례로 쓰러지는 도미노처럼 시작된다'라고도 하였다. 몰입된 하나의 성취는 저절로 새로운 성취를 몰고 온다. 얼마나 쉽고 멋진 성공법칙인가? 나는 나의 첫 단추 이론을 삶의 성공원리로 삼고 실천해 나가고 있다. 그것은 어렵고 복잡한 삶의 여러 문제를 단순하고 쉽고 즐겁게 풀어나갈 수 있는 성공원리이다.

목표에 관련된 전체의 논리적인 체계를 세웠다면, 우선 첫 번째 실행이 무엇이 될지 고민한 후 오직 그것의 성취에만 집중해야 한다. 첫 번째 단추만 잘 채워지면 두 번째 단추부터는 눈 감고도 저절로 채울 수 있다. 하나의 성취가 또 다른 새로운 성취를 불러오는 관성의 힘은 매우 놀라운 것이다.

이 책의 내용은 여러 책을 읽고 그 책의 내용을 인용하거나 짜깁기한 부분은 단 1%도 없다. 지난 50여 년간 배우고 익히며 직·간접적인 경험을 통하여 터득해 온 삶의 원리나 방법들이다. 지난 4~5년 동안 충분한 몰입과 사색을 통하여 누구든지 행복하고 성공적인 삶을 살아갈 수 있는 성공방정식을 만들어 본 것이다. 완벽함을 추구하진 않았지만, 첫 단추부터 잘 채워 나가기 위해 진정성과 열정을 가지고 노력한다면 누구든 큰 성취를 얻어낼 수 있을 것이다.

수많은 재래식 폭탄보다 1개의 핵폭탄이 훨씬 더 위력을 발휘한다. 단지 한 가지에 몰입하는 순간부턴 핵분열처럼 엄청난 시너지 효과가 극대화되어 여러 개의 일을 통해 얻을 수 있는 것보다 훨씬 커다란 열매를 얻을 수 있다. 복잡한 길을 이리저리 헤매다가 기운을 잃기보다는 지름길을 선택할 수 있는 기본원리인 셈이다.

평소 우리가 알던 두 갈래 길도 좀 더 쉽고 빨리 가는 길이 있듯이 행복과 성공으로 가는 지름길도 있는 것이다. 복잡하고 험한 세상에서 자꾸 엉뚱한 길을 선택한다면 얼마나 안타까운 일인가?

★ 나의 방법

창의적인 문제해결 능력은 성공역량의 핵심요소이다. 창의적인 문제해결에 필요한 사고력을 키우려면 오직 한 가지 주제에 몰입하는 훈련이 중요하다.

나의 일상적인 삶에서도 하나의 목표에 대한 문제를 해결하기 위해 몰입을 시작한다. 처음엔 막연하다가도 하나씩 아이디어가 나오기 시작하면 실타래가 풀리듯 저절로 많은 아이디어가 쏟아져 나온다.

반면에 두 개 이상의 목표나 문제를 해결하려는 생각으로 몰입을 시작하면 어느 한 가지 문제에 대해서도 제대로 된 아이디어가 나오지 않는다. 몰입의 일관성이 없으므로 연쇄적인 사고 활동에 장애가 생긴다. 한 번에 2가지 이상의 문제를 해결하려고 하면 창의적인 아이디어를 만들어 내는 몰입의 효과를 기대할 수 없는 것이다.

나는 한 가지 해결해야 할 주제나 중요한 목표가 생기면 하루, 일주일, 한 달, 몇 달 동안 기간을 정해서 그것에 대해서만 주의를 집중하여 몰입하기 시작한다. 이러한 몰입과정을 통해서 문제해결을 위한 구체적 방안이나 아이디어를 모으고 그것을 점검하고 검토하며 정리해 나간다.

단 한 가지에만 사고의 초점을 맞추고 일정한 시간 지속해서 몰입하면 필요한 아이디어나 열정이 저절로 솟아 나온다. 자신을 믿는 마음과 편안하면서도 능동적인 사고의 과정은 잠재된 두뇌를 깨워 활력 있게 만든다.

세상의 어떤 문제도 반드시 적합한 해결책이 있다고 믿는다.

도미노 법칙이나 나의 첫 단추 법칙처럼 첫 단계의 목표가 제대로 해결되면 그다음부터는 저절로 많은 일이 순차적으로 해결되어 간다. 이 원리를 활용하면 어떠한 일도 즐거운 마음으로 쉽게 추진해 나갈 수 있다. 이러한 원리로 RPD-2C 보통사람 성공법칙을 만들었다. 앞글에서 언급했지만, 보통사람도 자신만의 삶의 법칙을 만들어 보면 자존감 있고 주도적인 삶을 살아가는 데 큰 도움이 된다.

시간은 충분하고 기회도 충분하다

'늦었다고 생각할 때가 가장 이른 시간이다'라는 말의 의미는 무엇일까? 각자 조금씩 해석하는 바는 다를 것이다. 시간은 많고 적음을 양이나 길이로 따질 문제는 아니다. 적은 시간이라도 즐거운 마음으로 잘 활용하며 행복감을 느끼며 살아간다면 인생은 길고도 만족스럽고 후회 없는 시간이 될 것이다. 반대로 게으르거나 부정적인 마음으로 하루하루를 지내다 보면 금세 나이 들어가면서 후회스러운 인생이 될 것이다.

단 하루, 일주일, 한 달이라도 삶을 개선하기 위한 구체적인 실천계획을 세우고 적극적으로 실천해 보자. 일상의 크고 작은 성취감은 무미건조한 우리의 삶의 질을 결정적으로 개선한다. 우리 앞엔 지금 당장이라도 행복하고 성공적인 삶을 살아가기에 충분한 시간이 남아 있다.

세상엔 수많은 삶의 비결과 지혜로운 경험이 흩어져 있다. 그러나 대부분의 사람들은 그것들이 눈에 안 보이기 때문에 그냥 모른 채 밟고 지나쳐 버린다. 그리고 희망적이지 못한 삶의 벼랑을 향하여 끊임없이 걸어간다.

세상에서 많은 가치 있는 것들을 나의 것으로 만드는 기회를 많이 얻자. 그것이 삶의 질을 개선해 나가는 방법이다. 세상에서 가치 있는 것들이 눈에 보이는 유형의 것들로만 존재하는 것이 아니다. 눈에 보이지 않는 지식, 비결, 경험, 열정 등 무형의 것들이 훨씬 더 중요하다. 대단해 보이는 유형의 모든 가치도 아이디어나 지식의 축적을 통해 만들어진 것이다.

고급 자동차, 고급 주택, 다이아몬드 등 유형적인 가치는 지금 당장 나의 것으로 만들 수 없다. 반면에 무형적인 가치인 지식, 지혜, 비결, 열정 등의 무형적인 가치는 마음만 먹으면 당장 언제든지 나의 것으로 만들 수 있다. 이러한 무형적인 가치를 지혜롭게 활용한다면 유형의 물질적인 가치를 얼마든지 만들어 낼 수 있다.

당장 자신에겐 없지만, 꼭 필요로 하는 지식이나 노하우가 필요한가? 100% 수용력을 가진 Open Mind를 가진다면 당신은 언제든지 필요로 하는 많은 기회를 얻어 낼 수 있다.

당장 물질적인 빈곤함을 한탄하고 쉽게 좌절하는 것이 인간의 보편적인 심리이다. 그러나 안타깝게도 하늘은 스스로를 돕는 자만 도와주려고 할 뿐 현실을 한탄하는 사람들에겐 더욱더 깊은 수렁에 빠지게 할 뿐이다.

★ 나의 방법

나이가 적을수록 남은 시간이 많아서 앞으로 여러 경험을 할 시간이 충분하다. 반면에 나이가 많을수록 지금껏 충분한 경험을 해 왔기에 그 지혜와 경험을 가지고 행복하고 성공적인 삶을 살아갈 충분한 시간이 있는 것이다.

나는 하루를 출발할 때 오늘도 나의 삶을 개선할 24시간이 내 앞에 주어졌다고 생각한다. 월요일 아침을 시작할 때도 나를 개발하고 목표를 실행할 1주일이란 충분한 시간이 내게 주어졌다고 생각한다. 그러면 1주일의 시작이 매우 뿌듯하거니와 월요병은 사라진다. 목표를 세우고 실천하는 습관이 중요한 이유이기도 하다. 크고 작든 일단 목표가 세워지면 시간을 효과적으로 사용하게 된다. 또한 자신을 성장시켜 나갈 수 있는 많은 기회가 주어지는 것이다.

앞에서도 말했지만, 눈에 안 보이는 무형의 가치들을 활용하면 언제든지 하나 이상의 기회는 늘 얻고 살아갈 수 있다. 하루하루의 작은 가치들이 모이면 우리 삶의 가치는 눈덩이처럼 커져 나갈 것이다. 그런데 기회란 놈은 언제든 나의 편이 될 수도 있지만 쉽게 나를 배반하고 도망치기도 한다.

내가 건강하고 열정이 넘치면 내게 바짝 붙어서 나를 북돋아 주며 나의 삶을 살찌운다. 그러나 조금이라도 내가 약해지고 게으르면 금세 내게서 도망쳐 버리고 나를 좌절하게 만든다.

나는 일상적인 일들에 대해 늘 효과적으로 개선하거나 창의적인 아이디어로 새로운 목표에 활용해 보려는 것이 습관화되었다. 이것만으로도 삶의 커다란 활력소가 되어 좋다. 나이가 들수록 가장 중요한 것은 할 일이나 목표에 대한 희망이나 기대감을 갖고 살아가는 것이다.

●

혁신적인 인생역전의 법칙에 도전해 보자!

매슬로우는 행복하고 성공적인 삶을 살고자 노력하는 인간의 욕구를 5단계로 구분하였다. 매슬로우의 5단계 욕구란 '1단계 생리적 욕구, 2단계 안정의 욕구, 3단계 소속과 애정의 욕구, 4단계 자아존중의 욕구, 5단계 자아실현의 욕구' 등을 말한다. 대다수 보통사람은 1~2단계에서 갈등하고 안주하며 살고 있다. 성공역량을 키우면 1단계에서 곧바로 5단계로 가는 방법을 찾을 수 있다. 인천상륙작전처럼 단번에 열악한 전세를 역전시킬 수 있는 전략이 필요하다.

예전에 한 언론사에서 '성공할 수 있는 요건이 무엇인가?'에 대한 대학생들의 의식을 조사한 적이 있다. 1순위가 부모의 재력이고 5순위가 자신의 열정과 노력이었다. 우리 사회의 현실적인 상황을 반영한다고는 하지만 당장 부모의 재력을 변화시킬 수 없음을 생각할 때 얼마나 비관적인 상황인가?

지금껏 얼마만큼의 열정을 가지고 노력을 하였는지를 반성해 본다면, 설사 그것이 사실이라고 하더라도 자신의 노력과 열정을 1순위라고 할 수는 없었을까? 10여 년 전만 해도 자신의 노력과 열정이 1위였던 것을 생각해 보면, 행복하고 성공적인 삶을 향한 현실적인 상황이 얼마나 왜곡되어 가는지를 여실히 보여 주고 있는 사례이다.

4차 혁명의 기술과 자본이 지배하는 요즘의 사회에서 흙수저가 금수저가 되기는 쉽지 않다. 그렇다고 우리가 바라는 삶의 궁극적인 목표가 꼭 금으로 된 수저로 밥을 먹는 것인가? 흙수저가 아닌 나무로 된 나만의 수저로 밥을 먹을 수 있다면 얼마든지 내가 원하는 행복하고 성공적인 삶이 될 수 있다. 나만의 나무 수저 이론이 탄생하는 순간이다.

'나만의 나무 수저의 삶'은 적어도 자존감과 열정이 있는 삶이다. 물질만능주의의 위세가 아무리 대단해 보여도 기죽지 않고 자신만의 Happy-Successful 삶의 로드맵을 그려 가며 살아갈 수 있어야만 한다. 누가 뭐래도 이 세상은 사람에 의해 움직이고 사람을 위해 존재하는 것이다. 나만의 Happy-Successful Life 성공법칙을 만들어 열정적으로 살아간다면 걱정할 일이 무엇이 있을까 싶다.

매슬로우의 5단계 욕구에서 대부분 보통사람은 1~2단계에 머물러 있다고 했던가? 1단계에서 곧바로 5단계로 뛰어오를 수 있다면 얼마나 멋진 일일까? 생리적 욕구, 안정의 욕구, 소속 애정의 욕구, 자아존중의 욕구, 자아실현의 욕구 등으로 언제 한 계단 한 계단 밟아 올라갈 수 있을까? 한 계단 한 계단씩 올라갈 수 있다는 것은 우리의 보통사람들에겐 이상적이고 공허한 그림에 불과할 수도 있다.

나는 RPD-2C 보통사람 성공법칙에서 한 가지의 특정한 목표를 정하고 그를 실행하는 과정에서 인간의 욕구 5단계를 단번에 성취하는 것을 목표로 하고 있다.

나만의 능동적이고 열정적인 태도와 창의적이고 지혜로운 방법을 만들어 보자. 그리고 그것으로 나의 목표를 성취해 나가자. 그러한 목표달성으로 '행복하고 성공적인 마음과 상황'을 얻어낼 수 있다면 매슬로우의 5가지 욕구를 단번에 모두 성취할 수 있는 것이다. 가장 이상적이고 가슴이 설레는 혁신적인 인생 역전의 법칙인 것이다.

앞으로 2부에서 구체적으로 제시될 보통사람 성공법칙 실천을 통해 우리의 보통사람들이 행복하고 성공적인 삶을 살아가는 데 결정적인 전환점이 되길 간절하게 바란다.

우리 모두 용기와 희망을 품고 앞으로만 달려 나가자.

★ 나의 방법

어떤 일이나 목표이든 최선의 해결책이 존재한다는 믿음이 중요하다. 자신의 열정이나 믿음, 끈기 등이 부족해서 못 찾아낼 뿐이다. 삶의 여러 가지 문제로 어려움을 겪고 있다면 평소 자기 삶의 문제에 대한 창의적인 해결력이 부족해서일 가능성이 크다. 본 책에서 제시하는 몰입사고를 통해 자신의 문제해결 역량을 키워보길 바란다.

나는 매슬로우의 1~2단계 생리적인 욕구와 안정의 욕구 단계에서 최종 단계 욕구인 자아실현 욕구로 급상승을 추구하고 있다.

이 책은 보통사람의 마음이나 입장에서 쓰고 있다. 내 스스로 이미 엄청난 성공을 했다면 이 책의 내용이 보통사람들이 쉽게 실천해 내기 매우 어려운 자신만의 특수한 상황과 경험을 나열하는 것에 불과할 수도 있다. 특히 보통사람들의 입장이나 상황을 충분히 이해하고 격려하기 어려울지도 모른다. 그러나 나는 지금 옆에서 대화하고 코치하며 함께 힘을 내어 목표지점을 향해서 끝까지 완주할 수 있도록 도와주는 코치이자 페이스메이커가 되고자 한다.

다시 한번 강조하지만 완벽하지는 않아도 최선의 해결책은 존재한다. 적어도 나의 마음을 사로잡을 나의 열정을 발휘할 창의적인 문제해결책은 반드시 존재한다는 것이다. 그것을 믿고 몰입을 통하여 찾아내야만 한다. 그리고 찾아낸 해결책을 곧바로 실행한다면 결국은 목표에 관련된 구체적인 결과물을 달성해 낼 수 있다.

똑같은 사람, 똑같은 상황일지라도 우유부단하고 미실행의 상태에서는 결코 어떠한 결과물도 만들어지지 않는다. 이쯤 해서 '두드리는 자에게 만 성공의 문이 열린다'라는 말을 하고 싶다. 이 세상의 모든 결과물은 용기와 열정을 가진 사람들의 적극적인 실행을 통해서 탄생된 것이다. 나는 예전엔 소심하고 수줍은 성향의 소유자였다. 점차 성취동기란 것 에 강한 매력을 느끼게 되었고 지금은 성공역량개발 관련 교육을 하고 있다. 지금도 여전히 나의 변화와 혁신을 위해 노력하고 있는 보통의 이웃일 뿐이다.

나는 교육업을 운영하고 있다. 현실의 매너리즘에 묻히지 않고 나의 길 나의 미래의 새로운 성취와 도약을 향해 열정을 쏟고 있다. 인간의 욕 구에서 최상위 단계인 자아실현이라는 욕구를 향하여 노력하는 과정 에 있다. 또한 우리 모두가 행복하고 성공적인 삶의 열매와 기쁨을 공 유하는 사회를 만드는 일에 강한 열망을 가지고 있다.

나는 자신에게 잠재된 능력에 대한 강한 믿음과 외부 세계로부터의 지 혜나 노하우를 100% 수용하는 Open mind를 가지고 나의 성공역량 을 개발해 나가고 있다.

보통의 사람들보다 조금만 더 창의적인 방법과 그를 실행할 열정만 있 다면 얼마든지 자신과 가족의 삶을 행복하고 성공적인 삶으로 만들어 나갈 수 있다. 부정적인 시각보다는 긍정적인 시각에, 나에 대한 불신보 다는 나에 대한 믿음 편에, 냉소적인 시각보다는 개선을 향한 열정 편 에 나의 마음을 두는 것이 무척 중요하다.

본 책의 2부에서 제시될 변화와 혁신으로 자신의 역량을 개발해 나가는 방법을 통해서 혁신적인 인생역전의 법칙을 스스로 경험해 볼 수 있을 것이다. 인간은 늘 아무것도 없는 무에서 추상적인 유를 거쳐 구체적인 유를 만들어 왔다.

완벽하진 않아도 선한 열정과 의도를 가지고 적극적으로 실천하는 사람은 반드시 희망적이고 멋진 삶을 살아갈 수 있다. 가슴 설레는 자신만의 인생역전의 법칙을 실현해 나가기를 진심으로 바란다.

뜻이나 진로가 같은 사람과 연대하라

전통적인 농업사회와는 달리 현대인은 외롭다. 심지어는 철저히 소외된다. 현대사회에서 공통된 직업 환경을 벗어나서는 정서적인 유대감이나 친밀감을 공유하기가 어렵다. 나이를 먹어갈수록 더 외롭고 소외되기 마련이다. 따라서 취미공동체에 가입한다든지 지식 배움 공동체에 참가하는 것은 정서적인 안정과 인간적인 연대감을 느끼는데 매우 중요하다.

가장 바람직한 것은 자기계발이나 진로분야 등 실용적인 가치에 목표를 가지고 있는 공동체에 참여하여 정서, 지식, 경험 등을 공유한다면 최고, 최선의 공동체가 될 것이다.

100세 시대이자 평생교육의 시대에선 혼자만의 창의적인 생각이나 활동도 중요하지만, 뜻이나 진로가 같은 사람들과 연대하는 것이 필요하다. 슬픔도 서로 나누면 더욱 작아지고 기쁨도 함께 나누면 더욱 커진다. 지식도 함께 나눌수록 창의성과 시너지 효과가 더욱 극대화된다. 흐르는 물이 활력도 있고 깨끗하게 정화되듯이 사람의 감성이나 지식은 함께 흐르고 나눌수록 기뿜이나 창의적 효율성이 더욱 커지게 된다.

진로나 실용적 목적성이 비슷한 모임이나 연대는 더욱 필요성이 대두되고 있다. 정서적인 친목과 경제적인 목적성이 분명하다면 일거양득의 효과가 있기 때문이다. 특히 진로나 실용적인 목적성이 뚜렷한 사람들과의 연대는 지속적인 자기계발의 과정으로 활용할 수 있어서 좋다.

사람은 다른 사람과 함께할 때 인정을 받고 싶은 욕구가 강하기 때문에 진로에 관련된 뚜렷한 모임에 소속되어 있다는 것만으로도 목표를 세우거나 능동적으로 실행할 수 있는 동기를 부여받게 된다. 특히 모임의 리더로서 활동할 수 있다면 자신의 진로 관련 역량을 극대화하는 데 결정적인 역할을 할 수도 있다.

경제적인 노후준비가 된 분이라면 정서적인 친목에 바탕을 둔 모임으로도 충분할 수도 있다. 그러나 특정한 목적성이 약할 때는 모임의 소속감이나 지속성이 약해질 수도 있다. 반면에 한참 사회생활을 하는 중일 때에는 모임의 결성이나 참여를 신중하게 결정해야 한다. 일정한 모임에 한 번 참석하면 인간적인 애착으로 쉽게 발을 빼기가 어려울 수 있다.

가장 좋은 것은 주변의 같은 분야에서 종사하고 있는 사람들과 연대하는 것이다. 중요한 점은 함께하는 구성원의 자질이다. 부정적이거나 게으른 사람과 함께하는 모임이라면 득보다는 실이 더욱 크다. 따라서 모임의 규모보다는 구성원의 자질이 훨씬 중요하다.

　꾸준히 전문성을 추구하는 사람, 적극적이고 긍정적인 사람, 관련 분야에 경험이 많은 사람, 말보다는 실천을 중요시하는 사람, 창의적인 발상력이 뛰어난 사람 등이 질적으로 훌륭한 구성원이라 할 수 있다. 사람을 가려서 사귄다기보다는 그만큼 조직 구성원의 옥석을 가릴 수 있는 판단력 정도는 가지고 있어야 한다. 그렇지 않으면 소중한 모임의 시간이 별 가치도 없고 소모적인 시간이 될 수 있기 때문이다.

★ 나의 방법

나는 10여 년 전부터 비슷한 분야에 종사하는 사람들과 여러 종류의 모임이나 연대를 지속해서 해 오고 있다. 처음엔 활동하고 있는 분야가 비슷하긴 하였지만, 구성원의 추구하는 목표가 같지는 않았다. 서로 간의 동질감을 느끼는 친목 위주의 성격이 강했다. 또한 구체적이고 특정한 목적이 없고 구성원들의 절실한 욕구가 약하다 보니 모임의 실효성이 떨어지게 되었다. 모임은 얼마 안 되어 구성원이 자진 탈퇴하게 되고 모임이 서서히 사라지는 경우가 많았다.

지금은 인재개발 교육이라는 명확한 목적성을 가진 사람들과 협동조합을 결성하여 활동하고 있다. 교육 관련 지식산업이라는 공통적 특성

으로 상호 간에 실용적 목적성이 분명하다. 또한 구성원의 자질도 긍정적인 사고와 넓은 아량을 갖추고 있는 사람들이다. 상호 간에 배움을 위한 세미나는 물론 선의의 경쟁도 동기부여 되어 좋다. 혼자서 연구하고 사색할 때보다 공동체적인 연구 활동을 통해 목표 관련 실행을 위한 나의 노력이 한층 가속화되어서 좋다.

같은 뜻이나 진로가 같은 사람들과의 연대는 인간적인 친밀감은 물론이고 일상적인 삶을 행복하게 할 수 있는 윤활유와도 같은 역할을 한다. 뿐만 아니라 비슷한 진로와 관련하여 조직적이고 연계적인 활동을 통해서 자신의 성공역량개발을 촉진할 수 있는 촉진제가 될 수 있는 것이다.

	4장 Happy & Successful My Life를 위한
중요 내용 정리	
창의적 활용 의지	

2부

열정적 실습 편

4단계 보통사람 성공법칙을
실천하라!

지금 당장이라도 행복해지고 싶은가? 성공하고 싶은가? 그 방법은 매우 단순하고 쉽다. 그리고 즐겁기까지 하다. 우리 모두의 마음과 열정을 모아서 함께 가 보자! 복잡한 현실의 삶에서 막연하게 생각하면 그 방법을 찾기가 어렵다. 대부분의 사람들은 쉬운 지름길을 뒤로 등진 채 여기저기 돌아다니기 일쑤다. 그러다가 더욱 복잡한 미로 속으로 빠져들어 간다. 결국엔 '나는 안 되나 보다, 나는 방법이 없다'라고 생각하며 자조 섞인 불평을 하면서 살아간다.

본격적으로 행복하고 성공적인 삶을 살아가는 4단계 보통사람 성공법칙을 시작하기 전에 미리 확실하게 다짐받을 것이 있다.

첫째는, 실제 진정성 있게 실천도 해 보지 않은 상태에서 '나도 다 아는 얘기야'라고 말하지 말아야 한다. 그 말은 남의 소중한 의지마저 꺾이게 할 뿐만 아니라 세상의 모든 희망적인 얘기가 당신에게서 영원히 멀리 도망치게 할 뿐이다.

둘째로는 '100번 듣는 것보다 1번 보는 것이 더 낫고, 100번 보는 것보다 1번 실천하는 것이 더 낫다'라는 점을 강한 신념으로 만들자. 보석 같은 수많은 진리를 담은 책이나 강연보다 작은 것이라도 자신의 열정을 담은 하나의 작은 실천이 더욱 값진 일임을 믿자.

셋째로는 인간의 모든 성공적인 삶의 원리는 흘러가는 방향과 순서가 있다. 어떠한 목표를 실행하면서 첫 단계인 첫 단추를 제대로 채워야 함을 명심하자. 첫 단추도 제대로 채우지 못한 상태에서 두 번째 세 번째 단계의 실행이 안 된다고 불평하고 자책하지 말자.

어떤 목표를 정하고 실행할 때에는 첫 단추, 첫 단계에 무엇을 할지를 명확히 정하고 100% 실행을 위한 최선의 집중을 다 해야만 한다. 첫 단추만 정확하게 잠그면 두 번째 세 번째 단추는 눈 감고도 쉽게 잘 잠글 수 있기 때문이다.

넷째로는 우리의 삶과 관련된 세상의 모든 일에는 반드시 멋지고 근사한 해결책이 있다는 점을 믿어야 한다. 긍정적이고 능동적인 사고와 열정적인 실행을 하려는 욕구를 강하게 갖는다면 행복하고 성공적인 삶을 위한 모든 해답은 우리 앞으로 스스로 굴러들어 온다.

나는 위의 4가지 기준에 마음과 가치를 함께하는 사람들과 삶의 가치를 공유하길 원한다. 어떤 사물을 볼 때 곁가지 보고 본

질을 비판하는 사람보다는 본연의 참된 의도를 보려고 노력하
는 선한 사람들과 우리 삶의 행복과 성공을 향한 열정을 불태우
고 싶다.

5장
〈1단계〉 정신과 육체를 100% 충전하라!

———

몸과 마음을 100% 충전하라!
저절로 희망을 노래하고 싶어진다!

의미와 필요성을 마음에 새기자

우리의 몸과 마음은 전기의 플러스와 마이너스와도 같다. 서로의 힘이 충분히 모이면 엄청난 힘을 내게 되고 반면에 어느 하나라도 부족하거나 없다면 순식간에 아무런 힘을 낼 수 없을 것이다. 이러한 논리를 더 장황하게 듣고 배울 필요가 있을까? 정신과 육체가 100% 충전되었다는 말은 단지 몸에 병이 없는 상태를 의미하는 것은 아니다.

하루에 러닝머신 20분 정도와 자투리 시간에 팔굽혀펴기 50번, 잠자기 전에 10분 정도의 스트레칭만 꾸준히 해도 '건강지수 3배, 기분지수 3배, 인간관계 자신감 3배, 열정지수 3배, 긍정적이고 창의적인 사고지수 3배' 등 나의 삶의 모든 영역에서 창의적이고 효율적인 삶을 살아갈 수 있는 에너지를 제공받을 수 있다. 꼭 어디 논문에 발표된 내용은 아니지만, 우리의 상식과 지혜로 판단할 수 있는 사실이 아닐까?

몸과 마음을 100% 충전해 놓지 않은 무기력한 상태에서 행복하고 성공하길 바랄 수 있는가? 목표도 없고 몸과 마음이 충전되지 않은 상태에서 하루를 보내 보자. 아무런 생각도 없이 마지못해 하루를 보낼 뿐이다. 나의 소중한 몸과 마음을 매일매일 100% 충전시킬 방법을 찾아 곧바로 실천해 보자.

정신 100% 충전

정신 100% 충전의 의미는 자신의 몸과 마음에 감사하고 소중히 여기는 마음을 갖는 것과 자신의 잠재적 능력이나 가능성에 대해 강한 믿음을 갖는 마음 상태를 유지하는 것을 말한다.

수십 년간 나를 위해 봉사한 나의 몸, 나를 묵묵하게 믿고 따르며 온갖 수고를 아끼지 않은 나의 몸이 아닌가? 무척 고맙기도 하지만 불쌍하기도 하다. 힘차게 걷거나 땀을 내며 운동할 때 자신의 몸에 고맙다고 사랑한다고 말해 보라! 처음엔 어색하기도 창피할 수도 있다. 다시 진심을 담아서 말해 보자. 매일 부려만 먹고 한 번도 고맙다고 말해 주지 않아서 미안하다고 말을 해 주자. 나의 마음속에서 진심으로 콧등이 찡한 감동이 생긴다. 나의 마음이 반응한 것이다.

나의 몸 구석구석 모두에게 말을 건네 봐도 좋다. 나의 두 팔, 두 다리, 나의 머리, 나의 심장, 나의 폐, 나의 두 눈, 나의 허리, 나의 입과 코… 어느 하나하나도 소중하지 않은 것이 없고, 수고하지 않은 것도 없다. 하나하나가 하는 일을 말해 주며 격려해 주고 고맙다고 말해 주자. 그러면 나의 몸이 온 마음을 다해서 나에게 말한다. 더 열심히 더 사랑하며 더 큰 목표를 향해 열심히 노력해 보자고 하며 더욱 힘을 모아 준다.

평상시 모습이나 게으른 자신의 모습을 자신의 전부라고 생각하지 말자. 같은 사람이지만 목표가 없고 열정이 식은 자신의 모습과 목표를 세우고 열정이 뜨거운 상태에서 자신의 모습은 엄청난 차이가 난다. 무엇에 열정과 집중을 다했을 때의 자신의 잠재된 놀라운 능력을 믿어야 한다.

도미노 법칙처럼 자신의 작은 변화나 목표가 지속적이고 엄청난 성공과 변화를 가져올 수 있다는 점을 명확히 인식하자. 이제부터라도 자신의 잠재된 자신의 무한한 능력을 깨워 주겠다는 마음을 갖자. 일상의 변화 없고 권태로운 삶의 패턴을 바꾸는 순간부터 자신의 잠재된 능력이 서서히 모습을 드러내기 시작한다.

나 자신을 소중한 존재로 의미를 부여해 주고 자신의 잠재된 능력을 믿고 힘차게 나아가자. 행복하고 성공적인 삶을 힘차게 시작하기 위한 힘찬 첫걸음이 시작된 것이다.

육체 100% 충전

육체를 100% 충전한다는 것은 필요한 몸의 근육과 힘을 키우고 폐활량을 키우며 혈액의 원활한 순환에 도움이 되는 일체의 육체적인 노력을 말한다. 피곤에 지친 몸에 편안한 휴식을 주는 것도 포함된다.

사람마다 나이나 건강의 정도에 따라 생각하는 방식이나 실천하는 방법은 다를 수 있다. 그러나 반드시 자신만의 꾸준한 노력으로 육체적 건강을 위해 노력해야 한다. 몸의 상태가 안 좋으면 성실하고 열정적인 생활을 할 수가 없다. 창의적인 생각마저 답보 내지는 퇴보되어 더 이상의 변화와 발전적인 삶을 살아가기가 어렵게 된다. 일상적인 인간관계조차도 자신감을 잃는다.

누구든 마음속의 게으른 자아 때문에 꾸준한 운동이 귀찮고 힘들다는 생각을 할 수도 있다. 그러나 긍정적인 자아를 등에 업고 일정한 시간을 꾸준하게 실천하다 보면 엄청난 성취감을 얻을 수 있다. 일정한 시간 동안 운동이 습관화되면 운동처럼 즐거움을 주는 것도 없다. 하루라도 건너뛰면 아쉽고 속상한 마음이 들어 결국 매일매일 운동을 할 수 있는 건강하고 희망찬 사람으로 변화된다.

운동을 통한 건강한 신체와 윤기 나는 피부는 자신감 있는 사회생활에도 큰 도움이 된다. 따라서 규칙적인 운동으로 육체를 100% 충전하는 것은 어떠한 이유로도 절대로 뒤로 미루거나 포기해서는 안 되는 일인 것이다.

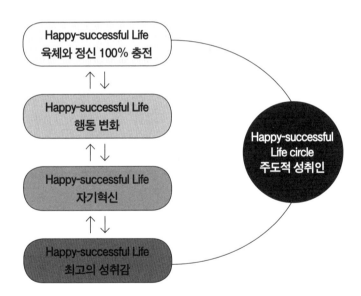

귀차니즘과 게으름 극복 방법

사람의 마음속엔 항상 부정적인 자아와 긍정적인 자아가 대립한다. 부정적인 자아는 마냥 편한 것을 좋아하여 게으르고 부정적인 특성이 강하다. 반면에 긍정적인 자아는 자신의 발전을 위하여 절제하고 노력하고자 하는 특성이 있다. 그러나 일상생활에서는 부정적인 자아가 훨씬 힘이 강하다. 목표를 세우고도 작심삼일로 끝나는 이유가 바로 여기에 있는 것이다.

긍정적인 자아는 게으른 자아를 절제시키고 자신의 변화나 혁신의 필요성을 인식하고 있으나 고집 센 부정적인 자아에게 늘 판정패하기가 일쑤다. 그러나 육체나 정신이 100% 충전된 상태에선 긍정적인 심리나 열정이 강해져 긍정적인 자아가 부정적인 자아를 이기게 되는 것이다.

행동 우선주의 벌떡 철학으로 귀차니즘을 극복하자

본 저자의 경험을 통한 생활 법칙으로 의도적인 실천을 통해 몸에 습관화되었다. 아침에 일어날 때 바로 일어날까? 5분 더 잘까? 규칙적으로 정해진 운동인데 바로 할까? 오늘은 거를까? 판단하거나 망설이지 않으려는 의식을 가져보았다.

게으른 자아에게 조금 더 잘까? 오늘은 할까? 말까? 생각하는 기회를 준다면 어떻게 될까? 부정적인 사람이나 부정적인 상황에서는 결코 긍정적인 대답이 나오지 않는다. 부정적이고 게으른 자아가 할까? 말까? 판단할 기회를 차단하는 것은 절제력과 실천력을 키우는 데 매우 중요하다.

반대로 긍정적인 자아가 일어나자! 그냥 하자! 라고 명령하면 곧바로 벌떡 일어서서 행동하겠다는 의식을 강하게 인식하고 의도적인 실천을 해 보자.

'벌떡 일어나라!'는 긍정암시의 말을 듣고 그냥 벌떡 일어나 보니 생각보다 피곤하지도 않고 도리어 참 잘했다는 성취감마저 드는 것이 아닌가? 이러한 긍정적인 성취감을 여러 번 실천하다 보니 부정적이고 게으른 의식을 쉽게 극복할 수 있었다. 신기할 정도다. 자신을 통제할 수 있는 엄청난 무기치고는 단순하지만 매우 효과적이다.

매일 운동 실천표를 만들어 하루하루 실천도를 표시한다

일일실천도 체크표를 만들어 벽에 붙여 놓는다. 가족과 함께 하면 서로서로 동기부여가 되고 화목하고 건강한 가정 분위기에도 매우 도움이 된다. 운동 실천 정도가 목표초과 달성이면 ◎ 표시, 목표 달성이면 ○ 표시, 조금 부족하면 △ 표시, 실천하지 않았으면 × 표시 등을 한다.

하루하루 실천도를 표시하면 매일매일 자기 자신에 대한 평가를 통하여 반성이나 자신을 칭찬해 줄 수 있는 훌륭한 수단이 된다. 하루하루 쌓여 가는 성취의 감정은 포기하려다가도 다시 일어나 도전할 수 있는 에너지와 동기를 부여한다. 이 방법은 작심삼일로 끝나 버릴 수 있는 많은 일을 꾸준히 실천에 옮겨 나갈 힘을 준다.

내 가족 운동습관 만들기 체크표

매일매일 실천할 수 있는 운동 환경을 만들어라

그날 운동할 상황이 아니라면 어쩔 수 없겠지만 조금을 하더라도 매일매일 운동하는 것이 좋다. 체육관을 끊어 놓거나 집 주변을 뛰는 것은 날씨 등 외부환경이나 중간에 귀찮아 끊기기가 쉬우므로 꾸준히 운동할 수 있는 습관을 만들기 어렵다. 주말에 산행이나 공원에서 운동하는 것은 주말 나들이 정도일 뿐이며 충분한 운동의 효과를 내는 것은 부족하다.

나는 5년 정도 퇴근할 때 힘차게 1시간 정도 걷거나 천천히 뛰는 것을 규칙적인 운동습관으로 실천하였다. 어차피 퇴근해야 할 상황이다 보니 매일 실천할 수밖에 없었다. 물론 처음엔 힘들고 귀찮았지만 행동 우선 의식을 적용해 벌떡 일어나 그냥 걸었다. 한겨울철에도 빨리 걸어서 퇴근하였다.

경험을 되돌아보면 매우 추운 날씨에도 처음엔 춥다가도 5분 정도 힘차게 걷거나 살살 뛰기 시작하면 곧바로 추운 바람이 시원해지고 기분이 좋아진다. 20~30분 정도 지나면 몸과 마음 상태가 최고조에 다다른다. 밤 10시 이후의 퇴근 시간이 기다려질 정도였다.

지금은 직장이 가까운 곳으로 이사를 해서 매일 아침 집 안에서 러닝머신 위를 신나게 달린다. 나는 러닝머신이 고맙다. 나는 가만히 있는데 운동을 저절로 시켜 주고 몸과 마음을 100%

충전해 주기 때문이다. 정말이다. 꼭 실천해 보고 멋지고 아름다운 경험을 해 보길 바란다.

나는 어디에 살든 어떤 환경이든 반드시 그 환경에 맞는 운동 방법을 찾아낸다. 결코 변명하지 않는다.

●

집 안에서 러닝머신 매일 운동에 도전해 보자

집 안에서 쿠션 매트를 깔고 러닝머신을 시도해 보자. 가족 중 한 사람이 적극적으로 실천하면 온 가족이 할 수도 있어서 정말 좋다. 가정에서 아빠나 엄마의 건강한 행동변화나 모범은 온 가족의 건강과 행복한 삶에 파급효과가 크다.

집에서의 꾸준한 러닝머신 운동 실천이 매우 어렵다고 하는 사람이 많다. '지루하다, 힘들다'가 주된 이유이다. 나는 처음엔 노래를 들으면서 러닝머신 위를 뛰었다. 점차 그것도 지루해졌다. 유튜브에서 재미있는 장르를 보면서 걷거나 뛰었다. 시간이나 속도는 단계적으로 높여 나갔다. 경험의 모든 것을 얘기하자면 너무 길다. 어떻든 지금은 아침에 러닝머신 위에서 뛰는 것이 일상이 되었고 즐겁다. 노래를 듣는 것도 유튜브를 보는 것도 싫다. 그저 뛰는 것이 즐겁고 뛰면서 이런저런 문제에 몰입하다 보면 10분, 20분, 30분이 쉽게 지나간다.

러닝머신 운동습관 하나로 온 가족이 더욱 건강하고 행복하게 살아갈 수 있다면 우리 모두가 꼭 해내야만 하는 중요한 미

선인 것이다. 러닝머신 운동습관 하나면 온 가족이 '3정'이 넘친다. 첫째는 다정으로 가족 간에 정겨움이 더욱 넘친다. 둘째로는 긍정으로 가족 간에 착한 마음으로 서로서로 수용하는 마음이 커진다. 마지막으론 열정으로 각자 하는 일에 의욕과 힘이 넘친다.

러닝머신으로 땀을 내고 하루를 힘차게 시작하는 것이 뿌듯하다. 세상에는 이유와 변명으로 넘어갈 일도 있지만, 반드시 꼭 해내야 하는 일이 있는 것이다. 더 이상의 이유나 변명을 하지 말자. 자신이 행복하고 성공적인 삶을 위해 더 늦기 전에 열심히 매일 뛸 생각을 할 때다.

●

단순하고 효과적인 1일 육체 100% 충전 Circle!

아침에 규칙적인 운동하기

어떤 운동이든 관계없다. 단 10분이든 20분이든 꾸준히 하는 습관이 몸에 배게 해야 한다. 그것이 평생습관이 될 수 있다면 평생 건강할 수 있는 기반을 다진 셈이다. 처음엔 힘들 수도 있으나 점차 체력이 강화되고 성취감을 느끼기 시작하면 즐거운 일이 된다. 가장 시간을 절약할 수도 있고 꾸준히 할 수 있는 유산소운동은 러닝머신 위를 적당한 속도로 뛰는 것이다. 자신만의 특별한 운동방법이 있다면 그것을 꾸준히 실천하면 좋겠지만 특별히 정한 것이 없다면 집안에서 러닝머신 위를 뛰는 것을 강력하게 추천한다. 그곳에 올라서면 저절로 운동을 시켜주는 것인데 그것도 실천을 못 하겠는가?

출근 시간, 업무 시간, 잠자기 전에 복식호흡하기

러닝머신이 몸에 필요한 근육이나 몸의 탄력성을 키우는 것이라면 복식호흡은 몸에 많은 산소를 공급하여 준다. 보통의 사람들은 1분에 17회 호흡하고 1시간이면 1,020회, 하루 동안이면 24,480번 호흡을 한다. 한 번 한 번의 호흡의 질은 그 사람의 평생 건강에 엄청난 영향을 끼친다. 호흡은 생명인 셈이다. 건강한 사람과 병약한 사람과의 호흡 1회당 산소호흡량의 차이는 매우 크다. 하루 동안 24,480번 호흡을 할 때마다 산소호흡량의 차이가 나는 것이다. 작은 차이가 엄청난 차이를 내는 삶의 섭리가 여기에도 숨어 있다.

전철로 출근할 때나 의자에 앉아서 업무를 볼 때 살짝 힘을 주어 아랫배를 부풀리면서 최대한 길고 깊이 있게 숨을 들이마시고 3~5초 숨을 멈추었다가 최대한 천천히 길게 숨을 내뱉는다. 방법은 쉽고 매우 단순하다. 잠자기 전에도 잠자리에 누워서 30분 정도 복식호흡을 하다 잠을 자면 숙면에도 큰 도움이 된다.

일상적인 실천을 통해서 복식호흡을 습관화하는 것이 중요하다. 복식호흡법은 건강 호흡으로 폐활량을 높이고 심신의 안정과 숙면을 통해 신진대사를 활성화하는 등 건강을 증진하는 데 효과가 매우 크다.

퇴근 시 빨리 걷기나 슬로우 러닝하기

나는 퇴근 시 빨리 걷기나 슬로우 러닝을 한다. 천천히 걸으면 답답하고 지루할 뿐만이 아니라 도리어 몸에 힘이 빠진다. 누구나 퇴근할 때에는 피곤에 지친다. 그러나 빨리 걷기나 천천히 뛰는 순간 몸 전체가 시원함을 느낀다. 기분도 좋아진다. 지루하지도 않고 하루 종일 쌓였던 스트레스가 길바닥에 모두 떨어져 버린다. 집에 도착할 때면 컨디션이 완전히 회복된다.

퇴근 후 10분 정도 뜨거운 물에 발 담그기

퇴근해서든 출근하기 직전이든 양치질을 하고 세수하고 머리를 감는 동안 세숫대야에 뜨거운 물을 담아 족욕을 한다. 양치질하고 세면하는 데 10분 정도 걸리니까 10분 정도 족욕을 병행하는 셈이다. 손바닥, 발바닥은 혈액순환의 가장 말단이다.

출근 전이나 퇴근 후 매우 피곤함을 느끼다가도 족욕 후엔 몸과 마음이 상쾌함을 느낀다. 특히 추운 겨울 아침에 출근하기 전에 족욕을 하고 출근하면 몸과 마음이 개운함을 느낄 수 있다. 뭐라도 잘할 수 있을 것 같다는 든든한 의욕마저 생긴다.

5장 Happy & Successful My Life를 위한

중요 내용 정리	
창의적 활용 의지	

6장

〈2단계〉 한 가지 명확한 목표를 세워라!

―――

Only One Focus 몰입은 잠재된 능력을 극대화한다!

의미와 필요성을 마음에 새기자!

목표가 없는 삶은 죽은 삶과 같다. 웅덩이에 고인 물과 같다. 목표가 없으면 당장 할 일이 없다. 뭔가를 생각할 대상도 없다. 단지 일상에서 주어지는 일을 수동적으로 할 뿐이다.

여기서 목표란 자신의 삶이 정신적으로 좀 더 행복하고 물질적으로 좀 더 풍요롭게 하는 데 필요로 하는 자기계발, 업무생활, 가정생활, 인간관계, 건강관리 등에 관련된 모든 것을 말한다. 누구나 바라는 것이지만 원한다고 쉽게 이루어지지 않는다. 자신의 삶을 개선하고 변화시키기 위한 체계적이고 구체적이며 지속적인 노력이 필요하다.

크든 작든 자신의 변화와 개선을 위한 목표를 세우고 실행하는 습관을 만들어 나가자. 한 번, 두 번 목표를 세우고 실행하는 과정에서 그 의미와 효과에 대한 성취감을 맛보는 것이 중요하다. 처음엔 매우 복잡하고 어렵게 느껴지던 것도 작은 실마리를 하나씩 하나씩 풀어 가며 성취하다 보면 매우 단순하고 생각보다 쉬울 수도 있다. 그것이 바로 습관화의 위력이다. 뭐든지 처음엔 어려워도 일단 습관화되면 쉬워지는 것이 성공적인 삶의 핵심원리인 셈이다.

생활의 영역별 목표목록을 만들라!

막연하게 자신의 삶을 변화시키고 개선할 목표를 세운다는 것은 당장 목표를 세우기도 어렵지만, 목표를 지속해서 업그레이드하고 관리하기가 어렵다.

아래의 나의 목표목록처럼 생활의 영역별로 구분하여 목표를 세운다면 매우 명확하고 구체적인 목표설정이 가능하다. 하루 아침에 목표목록을 다 채우려고 할 필요는 없다. 시간 날 때마다 몰입을 통해 마음을 모으다 보면 잠재되어 있던 목표들이 하나씩 하나씩 저절로 굴러 나온다.

목표라고 해서 매우 거창할 수도 있지만, 생활의 사소한 일이 될 수도 있고 작은 습관의 변화가 될 수도 있다. 처음에 도전할 목표는 작고 쉬운 것부터 시작하는 것이 좋다. 처음엔 쉬운 것을 통해서 성취감이 반복되다 보면 더 큰 목표를 세우고 실행할 힘이 저절로 생긴다.

목표는 가족생활 영역, 자기계발 영역, 업무나 사업 관련 영역, 사회생활이나 인간관계 영역, 기타 하고 싶은 것 등으로 구분하면 좋다. 목표는 생각날 때마다 하나씩 하나씩 목록에 추가로 적어 나간다. 목표는 중요하고 급한 것(A), 중요하나 급하지 않은 것(B), 언젠간 꼭 하고 싶은 것(C) 등으로 구분하여 실천순서나 실천 시기를 정하면 된다.

작은 목표라도 하나씩 실천할 때마다 느끼는 성취감은 삶의 커다란 활력소가 된다. 자기 변화를 통하여 자신의 삶이 질적으로 업그레이드되는 것이다.

이러한 성취감이 하나씩 쌓이면 장기적으로 성공적인 삶을 살아갈 수 있는 결정적인 성공역량이 될 수 있다.

행복하고 성공적인 삶을 위한 목표목록

(2021년) 나의 장·단기 목표목록 만들기

▶ 중요하고 급함(A)

▶ 중요하나 급하지 않음(B)

▶ 천천히 하고 싶은 것(C)

가정생활 영역	중요도	업무관련 영역	중요도
* 감성소통을 실천하기	B	* 4월 매출 향상전략 세우기	A
* 아들 공부방 환경 바꾸기	B	* 가게 홍보 전단 만들기	B
* 퇴근 후 아내와 족욕대화	B	* 초밥 사업성 검토하기	A
*		*	
*		*	

자기(관리)개발 영역	중요도	기타 하고 싶은 것	중요도
* 매일러닝머신 10분 이상	A	* 사교댄스 배우기	C
* 매일 30분씩 책읽기	B	* 2박 3일 가족 여행	C
* 마케팅 블로그 배우기	A	* 산악 동호회 활동	C
*		*	
*		*	

정신과 육체의 100% 충전을 첫 번째 목표로 정하라!

　보통사람 성공법칙의 첫 단추는 정신과 육체를 100% 충전하는 것이다. 첫 단추를 제대로 채우지 않은 상태에선 어떠한 일이나 행동도 꾸준히 열정을 가지고 실천해 나갈 수 없다. 건전한 정신과 건강한 육체는 전기의 플러스와 마이너스 같아서 둘이 충분한 양으로 균형을 맞추면 엄청난 시너지 효과를 낸다. 반대로 어느 하나라도 부족하다면 어떤 작은 일도 제대로 실천해 내기가 어렵다.

　어떤 일을 잘하기 위해서는 긍정적인 심리와 열정이 필요하다. 그리고 그 열정을 꾸준히 유지하려면 에너지가 필요한 것이다. 행복한 마음이나 참신한 아이디어는 건전한 마음과 건강한 육체일 때 저절로 샘솟듯이 넘쳐 오른다. 우리 모두의 경험을 되돌아보자. 사소한 감정이나 몸 상태가 좋지 않아서 얼마나 크고 작은 많은 일을 그르치고 포기해야 했던가? 일상의 사소한 게으름으로 얼마나 많은 일을 뒤로 미루다 포기해야 했던가? 설사 열심히 하려고 노력하던 일도 제대로 되지 않아서 시행착오를 반복해야만 했던가?

같은 특성의 사람, 같은 능력의 사람이라도 첫 단추의 실행, 정신과 육체의 100% 충전 여부에 따라서 엄청난 역량의 차이가 난다는 점을 명심해야 할 것이다.

매일매일 꾸준한 운동 습관화와 자기 자신을 믿고 사랑하는 의식을 습관화해야 한다. 생각하기에 따라서 쉬울 수도 어려울 수도 있다. 대답은 간단하다. 실천을 통해서 성취감을 맛본 사람의 말에 귀를 기울이고 그대로 따라 하면 된다. 더욱 중요한 점은 한 번만 습관화되면 엄청난 즐거움과 삶의 활력을 선물로 받게 되어 결코 빠져나올 수 없게 된다. 얼마나 대단하고 멋진 삶의 선물인가?

●

몰입으로 구체적인 실행계획을 세워라!

몰입은 일정한 목표나 주제에 대하여 지속적인 주의집중과 사색을 통하여 문제해결의 방법을 찾아가는 과정이다. 고민이나 고뇌의 과정과는 근본적으로 다르다. 도리어 몰입을 통해 자유로운 사고의 즐거움을 느끼고 스트레스가 해소되기도 한다.

앞에서도 강조했지만 몰입을 통한 아이디어 발상법은 일상의 문제를 창의적으로 해결해 나갈 수 있는 방법이나 아이디어를 만들어 내는 데 매우 효과적이다. 해결해야 하는 어떤 문제이든 일정 시간 지속적인 몰입을 한다면 반드시 최선의 방식을 찾아낼 수 있다. 이 책 속의 거의 모든 내용들은 책상 앞에서 쓰여진 것이 아니라 몰입을 통하여 하나하나 떠올려지고 경험을 통하여 체험된 것들이다.

몰입은 잠자기 전 잠자리에서나 또는 편안하고 정적인 휴식시간에 시도해도 좋다. 또한 자유롭고 활력 있게 걷는 시간에도 매우 효과적이다. 특히 활력 있게 걷기를 하면서 하나의 주제에 대해 몰입을 한다면 육체적인 충전도 할 수 있어서 일거양득이다.

사업화나 교육 프로그램화를 위한 몰입-아이디어 발상 4단계 전략

〈1단계〉주요 뼈대 만들기

- 목표 정하기

- 목표달성을 위한 주요항목 정하기

〈2단계〉주요항목별 주요 내용 만들기

- 주요항목별 지식이나 아이디어 모으기

- 일정 기간, 1개 항목에 몰입, Only one focus 전략

〈3단계〉목표관련 주요항목별 전체적 설계도 완성하기

- 주요항목별 지식이나 아이디어를 세밀하게 구체화하기

- 일정 기간, 1개 항목에 몰입, Only one focus 전략

〈4단계〉효과적 목표달성을 위해 창의적으로 개선해 나가기

- 주요항목별 지식이나 아이디어를 창의적으로 개선하기

- 일정 기간, 1개 항목에 몰입, Only one focus 전략

어떤 중요한 사업이나 교육프로그램도 위의 단계적이고 Only one focus 몰입 4단계 아이디어 발상 과정이면 물이 흐르듯이 순차적으로 완성되어간다. 또한 사업화나 프로그램화를 위해 초기에 머뭇거림을 방지할 수 있다. Only one focus 몰입 4단계

아이디어 발상법은 열정과 창의적 사고력을 활성화시켜 준다. 어떠한 남의 지식도 4단계 아이디어 발상 기법이면 자기화 과정을 통해 자기만의 독특하고 창의성을 담은 사업안이나 프로그램으로 변화시키고 혁신시킬 수 있다.

해결해야 할 일상의 문제가 있는가? 꼭 필요한 아이디어가 있는가? 절실한 삶의 목표가 있는가? 그렇다면 그것을 내 머릿속 4단계 몰입아이디어 선반 위에 살짝 올려놓자. 그리고 1시간, 1일, 1주일, 1달 등 일정한 시간을 정하여 끊임없이 몰입해 보자. 재촉하지 말고 자유롭게 나의 잠재된 의식을 믿고 몰입의 시간을 가져보자. 하나씩 하나씩 아이디어와 플러스적인 발상이 저절로 떠오른다.

언제든 내가 필요로 하는 문제에 대하여 스스로 해결해 낼 수 있는 아이디어 창고가 있다고 믿으면 된다. 나의 아이디어 창고, 문제해결 창고에서 필요할 때마다 하나씩 하나씩 빼내어 사용하자. 나의 삶을 지금보다 더욱 행복하고 성공적인 삶으로 만들어 나갈 수 있다.

'시작이 반이다. 늦었을 때가 가장 이른 시간이다'라는 말이 있다. 지금 당장이라도 목표와 구체적인 실행계획을 세우자. 단지 이것만으로도 이미 반은 성공한 것이며 머지않아 한층 업그레이드된 자신을 발견할 수 있을 것이다.

실행계획 매일 실천점검표

5월	목표: 대형할인점 도시락 사업화 아이디어 모으기 ※ 규칙적 운동습관(기본 목표)												

매우 잘 실행함(◎), 잘 실행함(○), 보통임(△), 실행 안 함(×)

구체적 실행사항		월 1	화 2	수 3	목 4	금 5	토 6	일 7	월 8	화 9	수 10	목 11	금 12	토 13
1. 매일 2시간 마트현장 방문분석														
2. 초밥 관련 독서 1시간														
3. 유명초밥 검색 현장조사														
4. 자료정리와 활용점 모색														
5. 운동 습관	러닝머신 (10~30분)													
	팔굽혀펴기 30회 이상													
〈자기평가〉														

	6장 Happy & Successful My Life를 위한
중요 내용 정리	
창의적 활용 의지	

7장

〈3단계〉 목표를 실행하고 계속 개선해 나가라!

━━━

열정적 실행으로 성취감을 느껴 보라!
일상의 반복된 성취감으로 성취인이 돼라!

머뭇거리지 말고 곧바로 실행하라!

일정한 확신과 열정을 가지고 목표와 실행계획을 세웠다면 곧바로 실행부터 하자. 혹시나 '더 좋은 이론이나 방법은 없을까?'라는 생각으로 뒤로 미루거나 다른 곳을 기웃거리지 말자. 그것이 좀 더 보완과 개선을 위한 신중한 태도로 보일지는 모르지만 도리어 실행력을 약하게 하거나 지금껏 힘들게 모아 왔던 열정마저 식게 만드는 결정적인 원인이 될 수 있다.

아무리 박식하고 많은 목표나 실행계획이 있다 하더라도 우유부단한 사람은 계속 실행을 뒤로 미룬다. 우유부단함은 무서운 습관이다. 기회는 늘 오지만 한곳에 계속 머물러 있지 않다. 좀 부족하더라도 자신에게 의욕과 열정이 있을 때가 바로 기회인 것이다. 기회를 나의 것으로 만들기 위해서는 생각한 것을 곧바로 실행에 옮겨야 한다. 머뭇거리면 그 기회는 당신을 지나서 다른 사람에게 간다. 실행력은 단순함과 열정을 에너지로 사용하는 것이다.

하고자 하는 목표나 실행계획이 사업적인 성패를 좌우하거나 경제적인 엄청난 손실이 날 수 있는 일이라면 두 번, 세 번 신중하게 고려하고 검토해야 한다. 그러나 우리가 하고자 하는 대부분의 일은 자신의 일상의 삶을 좀 더 개선하거나 변화시켜 나가거나 진행하고 있는 업무실행을 좀 더 창의적이고 효율적으로 수행하려는 것들이다.

실제 실행을 해나가면서 좀 더 나은 방향으로 보완하고 개선해 나가면 된다. 실제 실행을 통해 자신감이 생기게 되고 지속적인 교정이나 개선의 과정을 통해서 더 큰 확신과 열정이 커지게 된다.

이처럼 곧장 실행한다는 것은 행복하고 성공적인 삶으로 나아가는 직행 항로와도 같은 것이다. 계속 뒤로 미룬다는 것이 얼마나 우리의 잠재능력과 인생의 소중한 시간을 낭비하는 일인지를 깨닫자.

일일실천 점검표로 꾸준한 실천을 동기부여하라!

일일실천 점검표는 자신의 하루하루를 되돌아볼 수 있는 거울이고 자신을 이끌어 줄 수 있는 망망대해의 등대와도 같다. 일일실천 점검표를 벽에 붙이고 매일매일의 실천 정도를 표시만 하여도 자신의 꾸준한 실천을 강하게 촉진할 수 있다. 중요한 것은 실행목표는 1가지이고 구체적인 실행항목은 3가지 이내로 해야 한다. 한 번에 무리하게 여러 가지를 실천하려고 한다면 작전 실패로 열정, 목표, 자신감 등 모든 것을 잃게 될 수도 있다.

일일 실천도를 체크하는 자기관리 방식은 많은 효과를 본 나의 독특하고 효과적인 자기관리 노하우이다. 그런데 나중에 알고 보니 대한민국 습관만들기 공모전에서 대상을 받은 방법과 거의 유사한 방식이라는 것에 매우 놀랐윘다. 여러분도 꼭 활용해 보길 강추하고 싶다.

목표실행을 위한 매일매일 실천 점검표

5월	목표: 대형할인점 도시락 사업화 아이디어 모으기 ※ 규칙적 운동습관(기본 목표)												

매우 잘 실행함(◎), 잘 실행함(○), 보통임(△), 실행 안 함(×)

구체적 실행사항		월 1	화 2	수 3	목 4	금 5	토 6	일 7	월 8	화 9	수 10	목 11	금 12	토 13
1. 매일 2시간 마트현장 방문분석		○	△	○	△	×	○	○	○	○	◎	×	○	◎
2. 초밥 관련 독서 1시간		×	○	○	○	○	◎	×	○	◎	◎	×	○	◎
3. 유명초밥 검색 현장조사		○	○	△	△	×	○	○	○	○	◎	×	○	◎
4. 자료정리와 활용점 모색		○	△	×	○	◎	◎	○	○	◎	◎	×	○	◎
5. 운동 습관	러닝머신 (10~30분)	×	○	○	○	○	◎	×	○	◎	◎	×	○	◎
	팔굽혀펴기 30회 이상	△	×	○	◎	◎	×	○	◎	◎	×	○	◎	
〈종합자기평가〉		△	○	△	○	△	◎	△	○	◎	◎	×	○	◎

일일실천도 표시는 매우 잘 실행함(◎), 잘 실행함(○), 보통임(△), 실행 안 함(×) 등으로 하면 효과적이다. 네 가지의 실행도 표시는 매일매일 자신을 반성하게 하고 자신감도 느끼게 하면서 희망을 품고 꾸준하게 실천해 나갈 수 있는 에너지를 제공해 준다. 처음에는 실천도가 50% 미만일 수도 있다. 그러나 계속된 시도를 하다 보면 누구든지 변화된다. 한 달, 30일 중에서 80% 이상을 실천했을 때의 성취감을 여러 번 맛보다 보면 자신은 완전히 새롭게 혁신된 사람으로 변화되어 간다.

하루하루의 실행 정도를 표시하면서 자신을 되돌아보는 거울이 없기 때문에 작심삼일이 되어 아무리 작은 목표라도 제대로 실천할 수 없는 것이다. 일상생활의 작은 목표나 계획조차도 끝까지 마무리 짓고 성취감을 맛보지 못한다면 행복하고 성공적인 삶을 살아가는 것은 불가능할 것이다.

일일실천도 체크법은 나약하고 게으른 인간의 본성을 극복하고 긍정적인 자아가 자신을 통제할 수 있는 결정적인 힘을 제공해 준다. 이것만 잘 활용해도 그 어떠한 일이나 목표도 중간에 멈추지 않고 끝까지 완성해 나갈 수 있다. 사소해 보이는 것이지만 대단한 삶의 지혜인 것이다. 목표실천에 대한 일일실천 점검표는 매일 자신의 마음을 곧게 서게 해 준다.

개선하고 또 개선해 나가라!

　성공적인 삶을 살아가는 사람들은 장·단기적인 삶의 목표를 가지고 살아간다. 자신이 세운 목표를 즉시 실행하고 점검과 개선해 나가는 Life Circle을 반복한다. 즉 도전과 성취의 삶을 반복하며 열정적이고 즐거운 마음으로 삶을 개척해 나가며 살아가는 것이다. 이러한 삶의 모습을 수용하고 실천하는 것은 그리 어려운 일이 아니다.

　성공역량이 강한 사람은 실패하기가 어렵고 성공역량이 약한 삶은 성공하기가 어렵다. 단순히 역설적인 표현으로 지나쳐 버리기엔 참으로 중요한 사실이 아닐 수 없다. 모두 비슷한 특성과 욕망을 가진 사람들이지만 평소에 작은 삶의 방식이나 성향의 차이가 하루하루 누적되어 가다 보면 점차 엄청난 삶의 질의 차이를 내는 것이다.

　성공역량이 강한 사람으로 자신을 변화시켜야 한다. 이것은 대단한 방법이나 노하우를 필요로 하지 않는다. 이 책에서 제시하는 방법들은 글로 표현하려다 보니 장황하고 복잡해 보일지는 모른다. 그러나 실제 실천방법과 과정은 단순하다. 의도적인 노력과 습관화 의지만 있으면 된다. 그러면 당신도 지금 당장부터 건강하고 자신감 넘치는 성취인이 될 수 있다.

1주일에 1개의 개선점을 찾아라!

무계획적인 삶, 매너리즘에 빠져 있는 삶에선 아무리 오랜 시간이 흘러도 발전적인 삶의 변화는 일어나지 않는다. 도리어 시간이 지날수록 쇠퇴의 길을 걸을 가능성이 크다. 세상의 변화속도가 그 어느 시대보다도 빠르고 경쟁은 매우 치열하다. 답보적인 삶의 태도나 방식으론 앞으로 한 걸음 전진하기도 어려운 현실이다.

'일일우일신'이란 말이 있듯이 나날이 새롭게 개선되어 나갈 수 있도록 노력하는 습관이 중요하다. 1주일 1개선 법칙은 내가 만든 삶의 방식이다. 어떤 사소한 일이든 진행되고 있는 목표와 관련된 것이든 1주일에 1가지 이상 개선점을 찾겠다는 목표의식을 가지고 사는 것이 중요하다. 처음엔 인위적이고 형식적인 것으로 사소해 보일지 모르지만, 그것이 습관화되면 점차 어떤 문제든 결국 해결책을 찾아 실행해 낼 수 있는 능력을 갖추게 된다.

몰입을 통해 창의적 개선의 달인이 되자!

아무리 주어진 목표를 실행하고 개선하며 완성도를 높이고 싶어도 창의적인 아이디어가 떠오르지 않는다면 더 이상의 발전적인 변화는 어려울 것이다.

세상의 어떤 일이든 반드시 좀 더 나은 방향으로의 개선할 방향이나 아이디어가 존재한다. 단지 그것을 누가 찾아내서 사용하느냐에 따라서 성공하는 사람과 그렇지 못한 사람이 결정되는 것이다.

몰입을 통한 아이디어 발상법은 매우 중요한 삶의 방식임을 앞에서도 여러 번 강조했다. 앞의 내용을 다시 한번 반복해 정리해 보자. 몰입은 일정한 목표나 주제에 대하여 지속적인 주의집중과 사색을 통하여 문제해결의 방법을 찾아가는 과정이다. 세상에서 성공한 많은 사람들의 창의적 발명품이나 아이디어는 몰입의 과정을 통하여 탄생한 것이다.

세상의 모든 것에는 최선의 방법이 있다. 그런데 늘 효과적이지 않은 방법을 선택한다면 점점 어려운 삶을 향해 가게 되지 않을까? 반대로 몰입이란 창의적 사고수단을 통해 좀 더 정답에 가까운 정답을 찾아낸다면 점차 희망찬 삶이 우리를 기다리고 있을 것이다. 작은 일처럼 보이는 사고방식의 차이가 엄청난 삶의 질을 결정지을 수도 있는 것이다.

해결해야 할 일상의 문제가 있는가? 필요한 아이디어가 있는가? 절실한 삶의 목표가 있는가? 그렇다면 그중에 하나씩 내 머릿속 사고의 선반인 몰입에 살짝 올려놓자. 그리고 1시간, 1일, 1주일, 1달 등 일정한 시간을 정하여 끊임없이 몰입해 보자. 재촉하지 말고 자유롭게 나의 의식을 믿고 몰입의 시간을 가져보자. 하나씩 떠오르는 아이디어와 플러스적인 발상에 성취기쁨은 물론이거니와 몸과 마음의 스트레스도 사라진다.

몰입습관화를 통해 언제든 어떤 문제든 필요한 개선책을 찾거나 문제해결점을 찾아내는 능력은 매우 중요한 성공역량이다.

떠오른 아이디어를 잘 모으고 관리하라!

어떤 일이든 목표를 효과적으로 달성하기 위한 아이디어가 필요하기 마련이며 우리는 그것을 찾아내야 한다. 이러한 아이디어는 시시각각 떠오른다. 하나하나의 작은 좋은 생각들을 사소한 마음으로 버리면 안 된다. 작은 아이디어가 모이다 보면 저절로 큰 작품이 만들어지는 것이다.

출퇴근 시간에도 몰입을 통해 특정 문제해결에 필요한 아이디어를 얻어낼 수 있다. 잠을 자다가도 떠오를 수 있으며, 다른 사람과의 대화 도중에도 떠오를 수 있다. 특히 1시간 이상 충분한 시간을 활력 있게 걸을 때 가장 많은 아이디어가 떠오른다.

떠오른 아이디어는 곧바로 기록하거나 저장하지 않으면 금세 사라져 버리고 다시는 떠오르지 않을 수도 있다. 하나하나의 아이디어가 모여 열정도 생기고 성공적인 목표 실현을 향하여 나아갈 수 있는 것이다.

나는 길거리에서 떠오른 아이디어는 핸드폰 문자에 핵심어를 중심으로 임시저장의 형태로 기록해 놓는다. 문자에 저장되는 아이디어는 한두 번 이상을 되뇌어 충분히 공감이 가는 아이디어여서 저장된 모든 내용이 거의 실행에 옮겨져 활용된다. 1,000자 정도 모이면 용량의 한계 때문에 문자 공유기능을 활용하여 메일로 보내고 다시 컴퓨터에 저장해 놓는다.

이 책의 내용도 4~5년 정도 몰입 걷기를 통해 떠오른 내용으로 구성된 것이다. 책의 내용이 얼마나 대단한 것인지를 떠나서 참으로 대단하고 멋지지 않은가?

나는 어떠한 목표나 해결해야 할 문제가 있으면 출퇴근 시간이든 잠자리에서든 업무 사이사이 자투리 시간에 즉시 몰입을 시작한다. 떠오르는 아이디어는 즉시 핸드폰 문자에 저장한 후 집에 와서 노트나 컴퓨터의 아이디어 폴더에 저장하여 놓는다. 그러면 목표로 한 일정한 시간 내에 필요로 하는 양의 아이디어나 문제해결 방법이 모인다.

이러한 좋은 습관의 힘으로 나 자신의 건강 문제, 인간관계 문제, 업무에 관련된 문제, 필요한 아이디어 등 모든 나의 삶의 문제를 창의적으로 해결할 방법을 찾을 수 있었다.

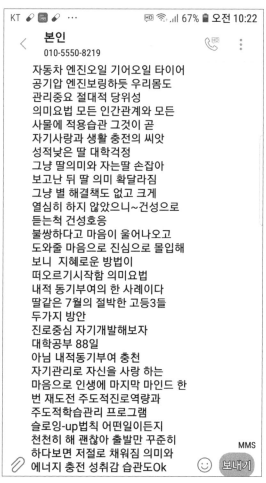

핸드폰 문자 아이디어 모으기

<30차>

쉴 땐 쉰다는 의미를 제대로 알고 실전해야~~?

무엇인가 변화나 자기발전을 위한 계기가 필요한데 어디부터 무엇을 어떻게 해야 할 지 몰나서 무기력감을 느끼며 살아간다. 작은 목표라도 핵심적인 1~3가지 세부실행목표를 세우고 일일점검표를 표시하며 실천만 해도 새로운 변화를 위한 결정적인 시발점이 될 수 있다. 능동적이고 현실감 있는 실행경험을 하다보면 더 커다란 목표도 계획하고 실행할 수 있는 역량이 저절로 커진다. 즐거운 일을 하거나 운동을 할 때 가장 용기와 희망이 생긴다. 몸이 아프면 모든 것이 소용 없음을 생각할 때 운동만큼 어느 것과도 바꿀 수 없는 절대적인 것이다. 꾸준한 운동 습관은 사람의 성취욕구와 긍정적이고 능동적인 사고를 촉진해 주는 최고의 특효약이다 이렇게 소중한 보물을 우리는 너무나 헌신짝 버리듯 내버려두고 살고 있다. 10-15-20분 슬로잉-up법칙, 신바람 운동법칙으로 삶의 에네지를 100% 충전하자. 자신의 체력에 맞는 힘들지 않을 정도의 적당한 속도로 뛰거나 빨리 걷기만 하면 된다. 매일 실천을 하기 위해선 집에 런닝 머신을 설치하면 매우 효과적이다. 일단 10분만 뛰면 무기력했던 몸이라도 바로 힘이 나기 시작한다.

15분이 지나면 조금씩 땀이 나기 시작하고 20분이 지나면 몸이 100%로 충전되어 힘이 넘치기 시작한다. 성취감 느끼는 습관화 Ok 의미요법 모든 인간관계와 모든 사물에 적용습관화하자. 그것이 자기사랑과 생활 충전의 씨앗이다. 늦은 밤에 성적 낮은 딸이 대학걱정 하길래~

그냥 딸 의미~ 그냥 별 해결책도 없고 크게 열심히 하지 않았으니~건성으로 듣는 척 건성호응함 반대로 자는 딸 손잡아 보고난 뒤 잠 든 얼굴을 보니~ 불쌍하다고 마음이 울어나오고 도와 줄 마음이 진심으로 울어 나온다. 잠시 동안 몰입해 보니 지혜로운 방법이 떠오르기 시작한다 우리 딸 같이 7월의 절박하고 무대책인 아무도 도와주지 않는 불쌍한 고등3들에게~ 두가지 방안을 말해주자.

첫째는 1년 대학생 등교시간 88일박에 안됨-주도적 자기개발 마인드로 희망을 갖자.

둘째는 철저한 자기관리로 자신을 사랑 하는 마음으로 인생에 마지막 한 번 재도전의 기회를 갖자. 주도적진로역량과 주도적학습관리프로그램이 탄생하는 순간이다.

핸드폰 문자 아이디어 컴퓨터에 저장 관리하기

●
'어떤 일이든 해낼 수 있다'는
성취인의 마음을 가져라!

　사람의 마음은 하루에도 여러 번 변한다. 아침엔 자신감이 넘치다가도 저녁엔 우울하고 용기가 사라지기도 한다. 이러한 심리적인 변화는 당연한 인간의 심리적인 특성일 수도 있지만 이러한 심리적인 변화가 수시로 반복된다면 행복하고 성공적인 삶을 살아가기는 어렵다.

　성공역량이 강한 사람은 일상생활이나 특정한 목표를 실행하는 과정에서 일정한 확신과 자신감이 지속된다. 설사 잠시 실망스러운 일이 생기거나 어려운 일에 부딪히더라도 금세 긍정적인 방향을 찾아내거나 자신감이 충전된다. 일정 부분 실패를 경험하더라도 그것을 전화위복의 계기로 삼고 다시 힘을 낸다.

　결국 목표를 향한 크고 작은 모든 실행과정에서 다양한 경험과 개선을 통해 성취인의 역량을 쌓아 가는 것이다. 실행과정 자체가 목표를 완성해 나가는 동시에 점차 성공역량을 강화해 나가는 과정인 것이다. 이러한 생활의 방식과 습관이 여러 번 반복된다면 '나는 어떤 일이든 해낼 수 있는 사람이다'라고 외칠 수 있는 멋지고 대단한 성취인이 될 수 있을 것이다.

본 책에서 제시하는 4단계 성공법칙은 보통사람의 관점에서 누구든지 실행해 나갈 수 있는 합리적이고 쉬운 방법을 제시하고 있다. 우리의 일상생활에서 달성해야 하는 어떤 목표가 있는가? 4단계 보통사람 성공법칙을 활용해 보자. 몇 번의 반복된 실천만으로도 놀라운 변화를 가져올 것이다. 별도의 비용이나 커다란 노력이 드는 것도 아니다.

보통사람의 상황에서 보통사람들을 진정으로 사랑하는 마음에서 이 책을 쓰고 있다. 우리 함께 열정과 지혜를 모아서 우리의 삶을 신바람 나게 개척해 나가 보자. 내가 변화하기 시작하면 내 가족도 모두 변한다. 나와 소중한 가족을 위해서라도 멋지고 훌륭한 성취인이 되어 보자.

7장 Happy & Successful My Life를 위한

중요 내용 정리	
창의적 활용 의지	

8장

〈4단계〉 그 분야, 최고 전문가에 도전하라!

큰 목표를 세우고 성공을 향해 달려 나가라!

의미와 필요성을 마음에 새기자!

이 세상은 냉혹하다. 당신이 사회적으로 성공한 사람으로 확실하게 인정받을 때까지 세상은 당신을 비판적인 시선으로, 당신이 유능하지 않음을 끊임없이 인식시켜 줄 뿐이다.

당신에게 힘을 주고 당신을 격려해 줄 사람은 자신밖에 없다. 당신을 가장 사랑해 주고 믿어 줄 사람도 오직 자신뿐이다. 지금은 부족해 보이지만 자신의 잠재된 능력을 믿고 노력하고자 하는 자신을 힘껏 믿어 주고 사랑해 주어야 한다.

나보다 10배, 100배, 1000배 성공한 사람이라고 해서 나보다 IQ가 훨씬 높은 것도 아니고, 나보다 훨씬 더 잘 생기고 힘이 센 것도 아니다. 그렇다고 나보다 인간성이 훨씬 좋은 것도 아니며 능력이 대단한 것도 아니다. 단지 나보다 눈덩이를 좀 더 힘을 주어 좀 더 일찍 굴렸을 뿐이다. 눈덩이는 한번 굴러가기 시작하면 엄청난 속도로 크기가 커진다. 바로 그 원리를 이용한 것이다.

나 자신을 너무 과소평가하지 말아야 한다. 지금의 내가 작아 보이는 것은 당장 눈덩이를 굴리기 위하여 용기를 내지 않고 있기 때문일 뿐이다. 용기를 내고 힘을 내어 눈덩이를 굴려 보라. 혹시 잘 굴러가지 않으면 좀 더 힘을 내어 힘껏 밀어 보아라. 아무리 해도 굴러가지 않는다면 방향이 틀렸는지도 모른다. 방향을 산 아래쪽으로 바꾸어 보라. 당신의 눈덩이도 움직이기 시작할 것이다. 그리고 서서히 빨라지는 속도에 놀랄 것이다.

나 자신도 얼마든지 멋지고 훌륭하게 성공한 사람이 될 수 있다. 이것은 낡은 경구가 아니라 명확한 사실이다. 나 자신을 믿고 나 자신을 사랑하라. 그리고 방향을 잡고 순서와 방법에 맞게 나만의 눈덩이를 즐겁고 힘차게 굴려 보자. 나도 얼마든지 행복하고 성공적인 삶의 주인공이 될 수 있다.

보통사람 성공법칙 3단계를 진정으로 성취한 사람이라면 보통사람 성공법칙 마지막 단계를 자신 있게 도전해 보자. 당신이 원하는 분야에 대한 명확한 목표를 세우자. 나는 대한민국 최고의 보통사람 성공플랫폼 만들기 전문가가 되고자 하는 목표를 세웠고 하나하나 실천에 옮기고 있는 중이다.

우리는 모두 행복하고 성공적인 삶을 향한 멋지고 큰 배를 함께 타고 있다. 이 책 속의 모든 내용은 나의 손에 닿을 수 있는 곳에서 모아진 지혜로운 방법들이다. 얼마든지 당신도 이해하고 충분히 실천할 수 있는 내용이다. 중요한 것은 단지 긍정적인 마음과 실천이 필요할 뿐이다.

보통사람 성공법칙의 최고 단계인 4단계를 완성하기 위해서는 막연한 노력이 아니라 지혜로운 노력이 필요하다. 그 방법은 매우 일관적이고 단순하고 쉽고 즐거울 것이다. 우리 함께 서로에게 용기와 희망을 주며 힘차게 앞으로 달려 나가자.

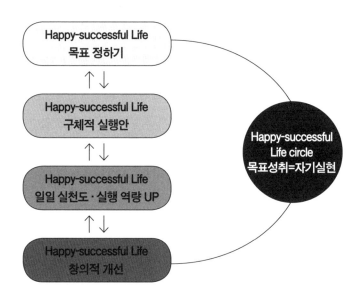

변화되고 혁신된 인격체로 변화하기 위해선 대단한 공부나 엄청난 노력이 필요한 것은 아니다. 가장 중요한 것은 수용력과 방향설정 그리고 성취인의 삶을 습관화하는 것이다. 본 책에서는 단순하지만, 성취인의 역량을 키우고 습관화할 수 있는 방법이나 순서를 제시하고 있다.

특정 분야에서 최고가 되겠다는 목표는 작은 자기 변화나 좋은 습관을 만드는 것과는 차원이 다르다. 일단 시간이 최소 5년 이상 걸릴 수 있다. 그러나 명확한 목표를 가지고 단계적이고 물 흐르듯이 자신을 발전시켜 나가는 과정에서 5년은 길지도 지루하지도 않은 짧은 시간이다. 지금부터 딱 5년 후라도 인간의 최상위 욕구인 자아실현을 통하여 최고의 행복과 성공적인 삶을 살 수 있다면 얼마나 대단하고 흥분되는 일인가? 더 머뭇거릴 아무런 이유도 없다. 이 책의 방법과 자신의 열정을 모아 도전해 나가자! 나도 우리도 모두가 함께 당신을 도울 것이다.

규칙적 운동을 늘 병행해야 한다

인생은 마라톤이다. 목표를 달성하기까지 충분하고 꾸준한 에너지가 필요하다. 몸이 건강하고 마음이 긍정적이지 못한 사람이 어떠한 희망이나 꿈을 얘기할 수 있을까? 얘기한다고 하여도 그때뿐이고 뒤돌아서면 모두 사라져 버린다. 몸과 마음이

100% 충전된 상태에서만 가장 긍정적이고 수용력이 강한 마음 상태가 되어 내적인 동기부여가 강하게 작동한다.

외적인 동기부여가 아무리 강해도 단지 그때뿐이다. 내적인 동기부여와는 비교가 안 된다. 자신의 마음속에서 스스로 일궈낸 내적동기부여는 어떤 역경도 이겨낼 수 있는 에너지를 지속해서 부여한다. 또한 항상 겸손한 자세로 좋은 것을 받아들이고 실천할 수 있는 마음 상태를 유지하게 도와준다.

같은 얘기를 반복할 땐 그만큼 중요하다는 것으로 이해하면 된다. 실천도 안 하면서 나도 아는 얘기를 한다고 귀찮아하는 사람이라면 더 이상의 목표나 꿈은 있을 수 없다.

●

〈Step 1〉 명확한 목표를 정하라!

그 분야 최고 전문가란?

그 분야에서 최고 전문가란 매우 특정하고 세부적인 분야를 목표로 정해야 한다. '감성소통 분야, 자동차마케팅 분야, 떡볶이 분야, 독서교육 분야, 헤어스타일 미용 분야, 반려동물 행동교정 분야' 등 매우 세부적일수록 Specialist로 성공할 가능성이 크다. 그러나 '교육 분야, 요식업 분야, 서비스업 분야, 인재개발 분야, 컴퓨터공학 분야, 전기 · 전자 분야, 인간관계 분야' 등 너무 넓은 분야를 목표로 하면 Generalist는 될지언정 그 분야에서 성공하기는 매우 어렵다.

자신만의 세밀한 분야에서 독특하고 탁월한 능력을 발휘할 때 최고의 성취감을 느낄 수 있음은 물론 그 분야 최고 전문가로서 인정받을 수 있다. 목표로 한 분야가 너무 광범위하면 노력할 대상이나 방법이 명확하지 않다. 반면에 매우 세부적인 분야를 목표로 하면 노력할 목표와 대상이나 방법 등이 명확하고 단순화되기 때문에 더 이른 시간에 더 깊이 파고들 수 있어 성공할 확률이 매우 높아지는 것이다.

잘할 수 있는 분야나, 꼭 하고 싶은 일을 목표로 정하라!

인생의 목표를 정한다는 것은 그리 어려운 일은 아니다. 자신의 잠재의식 속에는 이미 오랜 시간의 경험, 현재의 업무 상황, 장차 성취하고 싶은 욕망 등이 모두 내면화되어 있다. 몰입사고를 통해 그것을 잘 되새겨 보면서 겉으로 끄집어내면 되는 것이다.

나는 몰입사고를 통하여 나의 목표나 세부적인 실행안에 대한 모든 아이디어나 확신을 끄집어내어 사용했다. 나의 잠재의식이란 무한한 창고 속에 저장해 온 것을 내가 스스로 꺼내어 쓰는 식이다. 중요한 것은 규칙적인 운동을 통해 자신의 몸과 마음을 100% 충전하는 것이 중요하다.

몸과 마음이 100% 충전된 상태에서만 내적인 동기부여가 강하게 작동한다. 자신이 가장 긍정적이고 가장 수용력이 강한 상태로 바뀐다는 것을 의미한다. 이 상태에서는 꾸준히 실행할 수 있는 열정이란 에너지가 생긴다. 반대로 얘기하면 무기력하다든지 매너리즘이나 귀찮아하는 버릇에 빠져 있는 평상적인 상태에서는 그 어떤 동기부여도 딱 그때뿐이다. 백약이 무효인 셈이다.

나의 장점 알아보기

나의 장점 목록					
1		9		17	
2		10		18	
3		11		19	
4		12		20	
5		13		21	
6		14		22	
7		15		23	
8		16		24	

'어떤 일, 어떤 구체적인 것을 목표로 하고 5년 후 최고 전문가가 될 것인가?'라는 주제를 나의 마음과 머릿속 몰입의 선반 위에 살짝 올려놓는다. 한가한 주말이나 시원한 밤바람을 맞으며 힘차게 걸어라. 그리고 오로지 그 주제에 마음을 모아라. 편안한 마음과 확신을 가지고 자신을 믿고 몰입사고를 해 보라. 하루, 일주일, 한 달, 몇 달이 걸릴 수도 있다. 생각을 재촉하지는 말되 다른 것에 한눈팔지 말고 오로지 그 주제에 몰입한다. 그러다 보면 자신의 잠재된 의식 속 사고의 문이 열리기 시작한다.

한 번 열린 사고의 문은 쉽게 닫히지 않는다. 그러면 그 생각들을 마음속으로 반복하여 되새겨보고 정리해 본다. 몰입사고의 힘은 관성이 있어서 한번 움직이기 시작하면 끊임없이 움직여 앞으로 나아간다. 몰입사고는 시간 가는 줄도 모르는 매우 즐거운 과정이다. 그래서 나는 힘차게 걷는 것을 즐긴다.

5년 이후 지속해서 전망이 있는 것을 목표로 정하라

목표는 사회적 필요성이나 영향력이 있는 분야를 목표로 세워야 한다. 뜻만 좋고 경제성이 너무 떨어지면 의욕도 떨어지고 지속 가능한 발전이 어렵기 때문이다. 주변의 이웃들을 살펴보자. 어떤 사람은 지난 5년 동안 괄목상대한 변화와 발전을 한 사람이 있는 반면에 어떤 사람은 말만 요란하고 별다른 변화나 발전이 없는 사람도 있다. 심지어는 5년여의 지난 시간이 도리어 퇴보하거나 추락하는 시간이 되어 점차 초라해지는 삶을 살아가는 사람들이 매우 많다.

앞으로 5~10년 이내에 전 세계 일자리의 30% 이상을 인공지능이나 로봇이 대체한다고 한다. 어마어마한 사람들의 일자리가 사라지는 것이다. 자신이 하고자 하는 일의 가치나 전망을 판단해 볼 때 자신만의 익숙한 주관보다는 냉철하게 객관화시켜볼 필요가 있다.

최고 전문가 되는 목표 세우기

	진로명	주요특징	전망도	나의 선호도
하고 싶은 일			5 4 3 2 1	5 4 3 2 1
			5 4 3 2 1	5 4 3 2 1
잘하는 일			5 4 3 2 1	5 4 3 2 1
			5 4 3 2 1	5 4 3 2 1
현재 업무			5 4 3 2 1	5 4 3 2 1
			5 4 3 2 1	5 4 3 2 1

1차 진로선택	1.	2.	3.
2차 진로선택		1.	2.
최종 진로선택			1.
최종 진로 선택 사유			
목표달성 전략			

나만의 색깔을 가지고 야심찬 목표를 세워라

나만의 색깔을 가지고 세부적인 분야의 Specialist가 되겠다고 목표를 정하면 경쟁자도 적어지지만 구체적인 실행계획을 세우기가 쉽다. 처음부터 완벽할 수는 없다. 누구든지 초보인 시절이 있기 마련이다. 자신만의 색깔이나 재능을 믿지 못하고 움츠린 사람은 도전조차 하지 못할 것이다. 성공하는 사람들의 특성은 남들의 시선에 개의치 않고 자신만의 소신이나 색깔을 뚝심 있게 밀고 나간다.

어떤 일이든지 실행을 통한 경험을 쌓는 과정에서 창의적인 개선으로 완벽함을 향해 나아갈 수 있다. 처음부터 완벽함을 추구하다 보면 괜한 시간과 에너지만 소모할 수 있다.

세상은 우리가 생각하는 만큼 그리 호락호락하지도 않지만, 우리가 두려워할 만큼 그렇게 대단한 것을 요구하지도 않는다. 도전과 실행을 통한 경험의 반복만이 자신에게 그 해답을 말해 줄 수 있다.

자신을 믿고 실행하며 앞으로 나아가라. 누구의 부정적이거나 냉소적인 시선에도 귀 기울이지 말라! 꾸준히 실행하며 몰입을 통해 창의적으로 개선해 나아가다 보면 당신만의 색깔을 가진 독특한 작품이 만들어질 것이다. 아무도 당신의 작품을 쉽게 넘보지 못하게 될 때 모든 사람이 당신을 진정한 전문가로 인정해 줄 것이다.

〈Step 2〉 목표 관련 지식과 기술을 축적하라!

목표가 있으면 그와 관련된 필요하고 충분한 지식이나 비결이 필요하다. 그러나 걱정할 것은 전혀 없다. 그동안 자신이 가진 지식과 경험을 정리해 보자. 그뿐인가. 깊고 넓은 바다에서 큰 고래가 입만 딱 벌리면 저절로 고기가 한입 가득 들어오는 것처럼 우리에겐 인터넷, 관련된 책들, 전문 강사의 강의 등 넓고 깊은 지식과 정보의 바다가 있지 않은가? 수용력이란 긍정 가득한 마음의 문만 열면 언제든지 얼마든지 지식과 비결은 자신의 것으로 쌓아 갈 수 있다.

지식과 비결을 얻는 방법
자신의 지식과 몰입사고로 창조해 낸 아이디어를
정리해 나가자

본 저자도 책을 쓰기 위해 5년 전부터 목표를 세우고 매일 늦은 밤 퇴근 시 몰입사고를 해 왔다. 그를 통하여 행복하고 성공적인 삶에 필요한 방법이나 지혜 등 수많은 생각 정리를 통해 새로운 아이디어를 얻었다. 또한 각종 서적이나 인터넷 검색을 통하여 필요로 하는 지식이나 노하우를 얻을 수도 있다.

나는 어떠한 목표나 해결해야 할 문제가 있으면 출퇴근 시간이든 잠자리에서든 업무 사이사이 자투리 시간에 즉시 몰입을 시작한다. 떠오르는 아이디어는 즉시 핸드폰 문자나 수첩에 저장한 후 집에 와서 노트나 컴퓨터의 아이디어 폴더에 저장하여 놓는다. 그리고 목표로 한 일정한 시간 내에 필요로 하는 양의 아이디어나 문제해결 방법이 모인다. 그러한 지식이나 아이디어를 하나하나 지속적으로 축적해 나간다.

목표 관련 서적을 탐독하고 정리하자

인터넷 서점이나 웹에서 목표 관련 검색어만 치면 필요한 책을 찾아낼 수 있다. 책을 읽고 핵심을 정리할 때에도 너무 많은 내용을 정리하지 말고 몇 번이고 되새겨보고 꼭 필요한 핵심만을 발췌하여 기록하는 것이 좋다. 중요한 것은 그와 관련된 자기 생각이나 창의적 활용점을 정리해 보는 것이다. 아무리 좋은 내용도 자신의 견해나 상황에서 이해하고 자기의 확신이 들어간 것만이 기억되고 지속적인 실천이 가능하기 때문이다.

날짜	요점 기록(타인 생각)	활용점(나의 생각)

롤모델이나 그 분야에서 성공한 사람과 연대하거나
처음엔 롤모델을 그대로 모방하라

그 분야에 성공한 사람의 강연을 보는 것도 매우 효과적이다. 마음만 먹으면 얼마든지 만나볼 수도, 노하우와 관련된 정보를 얻어낼 수도 있으니 걱정할 것이 없다. 문제는 당신의 행복과 성공을 향한 욕망의 크기다. 목표를 향한 욕망이 강렬하고 절실하다면 필요한 지식이나 아이디어를 신속하고 정확하게 얻어낼 수 있다. 반대로 목표성취에 대한 욕구나 절실함이 약하면 머릿속에서만 생각하다 말 것이기 때문이다.

중간중간, 축적된 기술과 지식을 실생활에서 적용해 본다

무턱대고 지식만 축적하다 보면 현실적인 감각을 잃을 수도 있다. 누구든지 자신의 컴퓨터 파일 속에는 수많은 지식이나 정보를 쌓아 놓기만 하고 거들떠보지도 않는 것이 현실이다.

자신이 확신하는 지식이나 기술이 있다면 체계적으로 정리도 해 보고 실생활에서 창의적으로 활용해 보자. 그러한 과정을 거치면서 좀 더 탄탄한 자신만의 노하우가 된다. 그래야만 다른 사람에게도 당당하게 제시하여 인정받을 수도 있는 것이다.

크고 작은 실전경험이나 실생활에 활용해 보는 것은 자신에게 용기와 자존감을 높여 주어 욕망이나 추진력이 커지게 만든다. 자기 성장을 위한 필수적인 전초전인 셈이다.

효과적인 시간 관리를 습관화하자

돈을 관리하지 않으면 물이 새듯이 순간에 다 없어져 버린다. 시간도 관리가 필요하다. '어차피 하루 24시간은 정해진 것인데 관리하면 하루의 시간이 더 길어지는가?'라고 할지도 모른다. 물론 하루의 시간이 길어지는 것은 아니지만 효과적으로 활용할 수 있는 시간이 길어진다. 주말 아침에 늦잠을 잔 경우 금세 오후가 되고 저녁이 되어 버린다. 반면에 하루의 시간을 잘 계획하며 사는 사람은 하루하루 자존감을 가지고 지내기 때문에 효율적인 시간 관리가 가능하다.

답보적이고 순응적인 삶에 끌려다니며 자기계발을 위한 충분한 시간을 투자하지 못한다면 이미 게임은 끝난 것이다. 하루는 24시간, 1,440분이다. 어떤 사람은 24시간이 휙 지나가고 어떤 사람은 24시간을 30분 단위로 나누어 효율적으로 활용한다. 같은 사람 같은 능력을 갖춘 사람이라는 전제를 하더라도 한두 달만 지나도 그 두 사람의 능력이나 역량의 차이는 확연히 달라질 것이다. 기본소양이나 지식은 물론 말투, 외적 자신감, 긍정적이고 수용하는 마음 상태 등 모든 부분에서 차이가 날 것이 분명하다. 소중한 가족과 오늘보다 더 행복하고 성공적인 삶을 살아가기를 진정으로 소망한다면 곧바로 실천하자.

시간 관리법은 단순하고 지속 가능해야 한다
무작정 많은 시간이 중요한 것은 아니다

시간이 아깝다고 무조건 온종일 할 일을 꽉 채워 놓고 살아서는 안 된다. 시간 활용은 양보다는 질이 중요하다. 즉 명확한 하나의 목표를 향하여 일관성 있게 노력해 나가는 방향이 중요하다. 성실하게 많은 시간을 열심히 사는 것보다는 작은 시간이라도 창의적인 방법으로 일을 즐기는 것이 중요하다.

하루나 일주일의 시간계획표를 세울 때도 많은 일을 양적으로 많이 채우려고 하기 보다는 한 가지 일이라도 여유 있는 자세로 깊이 있고 충분히 정리하며 자기의 것으로 만들어 가는 것이 중요하다.

우선순위나 중요도에 따른 효율적인 시간관리가 중요하다

처음부터 너무 많은 것을 복잡하고 거창하게 하려고 한다면 금세 포기하게 된다. 처음엔 시간 관리의 효과와 성취감을 경험하는 것을 목표로 해야 한다.

구체적인 시간 계획을 세우기 전에 하루의 할 일에 대한 우선순위나 중요도에 따라 그날 또는 그 주에 할 일들을 분류한 후, 하루나 일주일의 구체적인 시간계획표를 작성한다.

꾸준하게 시간 관리표를 점검하면서 하루하루 성취감을 느끼다 보면 저절로 좀 더 효과적이고 창의적인 시간 관리법을 생각하게 된다.

8월 할 일 우선순위 분류

	중요한 일	덜 중요한 일
급한일		

덜 급한 일		

시간을 계획하고 관리하는 서식은 작은 수첩도 좋고
다이어리도 괜찮다

특별한 것이 없으면 본 저자가 제시하는 표를 출력해서 사용해도 좋을 것이다. 기록할 내용은 시간대별로 할 일, 일의 성취도, 하루 마무리 일기 등이다. 그 이상은 본인이 실천하면서 창의적으로 개선해 나가면 된다.

남의 것을 복잡하게 따라 하려다 보면 전문성은 있어 보여도 자기의 것으로 습관화하기 어렵다. 인간은 철저히 자신의 내적 동기를 통해 발전해 나갈 힘이 세지기 때문이다.

일일 시간 계획표

* 실천도: 매우 잘 실행함(◎), 잘 실행함(○), 보통임(△), 실행 안 함(×)

구분	4월 15일(월)		4월 16일(화)	
시간	할 일	실천도	할 일	실천도
오전 6				
7				
8				
9				
10				
11				
오후 12				
1				
2				
3				
4				
5				
6				
7				
8				
9				
10				
11				
12				
총시간 활용	시간 분		시간 분	
하루 마무리 정리				

●

〈Step 3〉크고 작은 실전경험을 쌓아 나가라!

자신의 분야 관련한 지식이나 노하우를 정리하여
책 쓰기에 도전해 보자

예전엔 책을 출판하는 것이 특별한 전문가나 유명한 문학가들의 전유물이었다. 비용도 만만치 않았기 때문에 일반적인 사람이 책을 낸다는 것은 상상도 못 했다. 그러나 요즘은 자신만의 분야에서 자신만의 특색을 가지고 책을 출판하는 것이 보편화 되었다. 마음만 먹으면 자신만의 색깔과 참신성을 얼마든지 자랑하고 사회적인 인정을 받을 수 있는 것이다. 문제는 방향과 열정이고 근성이다.

심지어는 거의 비용이 들지 않는 책 출판 플랫폼 회사도 등장하였다. 좀 더 고품질의 출판을 한다고 해도 과거와 비교하면 출판 비용이 매우 줄어들었다.

책을 쓰기 위해 분야나 방향을 설정하고 책 제목을 기획하고 목차를 정하고 세부적인 자료를 준비하고 책을 써 가는 과정에서 많은 발전의 계기가 되고 자존감도 커진다. 그 자체가 자신을 브랜드화해 나가는 지름길인 셈이다.

지금 쓰고 있는 보통사람 성공법칙이란 책도 그동안 몰입사고를 통한 지혜, 일상생활 속의 경험, 실생활의 성취감, 인터넷상의 유용한 정보, 독서를 통한 유용한 지식 등을 통하여 축적해 놓은 자료들을 체계적으로 정리해 나가는 과정인 것이다. 이러한 출판을 위한 과정 속에서 내가 추구하고 있는 특정 분야에 대한 이론과 실질적인 역량이 한층 강화되어가고 있음을 느끼고 있다.

관련 분야의 롤모델이나 멘토가 될 만한 사람과 적극적인 활동을 해 보자

복잡하고 정답이 없는 세상을 자신만의 힘이나 판단만으로 헤쳐 나가며 성공적인 삶을 살아가기는 쉽지가 않다. 훌륭한 멘토는 많은 시간을 들여서 얻을 수밖에 없는 삶의 지혜나 노하우를 얻는 데 걸리는 시간을 짧게 단축해 준다.

보통사람들의 성공적인 삶을 연구하여 제2의 인생의 전성기를 목표로 하는 것도 진선미건강센터 이균형 원장님과의 연구모임으로부터 많은 도움을 받을 수 있었기 때문이었다.

본서의 내용을 바탕으로 개설한 보통사람 유튜브대학TV라는 유튜브 채널도 이러한 연대적 연구모임에서 창의적인 활동을 위한 고민의 결과였다.

여러 사람과 어울리고 대화하면서 창의적인 방법이나 아이디어가 많이 만들어진다. 분명한 목표가 있는 모임은 어떤 일에 대한 추진력이나 실행력을 크게 만들어 준다. 또한 모임 구성원 간에 서로 인정받으려는 본능적인 심리도 자기발전에 중요한 역할을 한다.

SNS, 방송 매체, 지역방송, 지역신문 등 매스미디어에 자신만의 상품, 지식, 교육을 적극적으로 노출하자

누구든지 다른 사람으로부터 인정을 받으면서 성취 욕구와 자존감이 커진다. 이러한 자존감은 자신의 수준을 업그레이드하고 목표성취를 향한 열정과 추진력을 키우는 데 매우 중요하다. 또한 어떤 일이든지 적극적으로 움직이고 부딪치면서 활력 있는 에너지도 생기도 창의적인 개선도 가능하다.

앞으로 제2의 인생 전성기를 꿈꾸는 분야는 보통사람들을 위한 건강한 삶, 행복한 삶, 자기혁신을 통한 성공적인 삶에 필요한 지혜나 실행방법과 노하우에 대한 것이다.

그동안의 이론과 노하우로 출판을 준비하고 있으며 동시에 그 내용으로 유튜브 채널을 구성하여 각 영역별로 이론과 실습을 업로드하고 있는데 많은 호응을 얻고 있다. 50대 이후 적응하기 어렵다는 유튜브에서도 구독자도 2만 명 이상을 달성했고

광고수익도 얻고 있다. 또한 온·오프라인 건강학교 교육, 행복학교 교육, 자기혁신학교 교육을 진행하고 있다.

본격적인 전문가 되기 4단계에 앞서서 자신만의 독특한 상품이나 프로그램을 많은 사람으로부터 1차적인 인정을 받을 수 있는 기회가 될 수 있다.

'하늘도 스스로 돕는 자를 돕는다, 두드려야 열린다, 아니 땐 굴뚝에서는 연기가 날 리가 없다, 뿌린 대로 거둔다' 등 우리가 수없이 접했던 선인들의 말들을 되새겨 보자!

지역사회나 실전현장에서
자신의 지식과 노하우를 적용해 보자

아무리 많은 지식이나 노하우를 마음속에 갖고 있어도 그것을 현실 속에서 노출하고 적용해 보지 않으면 더 이상의 발전이 어렵다. 어떤 일이든 크고 작은 경험이나 시행착오를 통하여 자신만의 전문성이나 특색을 갖춘 전문가로 발돋움해 나갈 수 있는 것이다.

아직은 내가 원하는 특정 분야에서 최고 전문가가 되기 전이지만 나만의 상품이나 프로그램을 만들어 지역사회나 여러 사람들 앞에서 1차적인 적용을 해 보는 것은 매우 중요하다. 경험적인 시행착오가 생길 수도 있지만 나의 지식이나 노하우에 대한 깊이와 실용적인 활용성을 높여 나갈 수 있다.

그동안의 몰입사고와 경험 그리고 결과물을 바탕으로 건강학교 프로그램을 구성하였다. 온라인 언택트라는 사회적인 특성에 맞게 실시간 줌 화상 교육을 우선은 가족과 지인 모임에서 적용해 보았다. 분명 효과가 있었다. 나만의 실제적인 경험 속에서 만들어진 세상에서 유일하고 참신한 건강교육 프로그램이기도 하다. 또한 서울시민을 위한 「온라인 줌 실시간 건강학교」이라는 교육사업제안도 해 놓은 상태이다.

당장 제안한 교육사업의 선정 여부를 떠나서 특정 분야의 전문가가 되기 위한 전초전임에 틀림이 없다. 어떤 복싱 챔피언도 충분한 전초전도 없이 정상에 오를 수 없는 것과 마찬가지이다.

특정 분야에서 전문가 되기 3단계 과정을 통하여 4단계인 최고 전문가가 되기 위한 열정과 성취 욕구에 점차 가속도가 붙고 있다. 초기엔 산자락 계곡에서 신선한 마음으로 출발한 작은 소신이 시냇물이 되고 강물이 되어 큰 바다로 흘러가는 상황임을 확인할 수 있다.

모든 성공한 사람의 자연스러운 흐름, 로드맵이 아닐까 싶다. 나도 당신도 우리의 모든 보통사람들도 이러한 자연스럽고 멋진 흐름을 얼마든지 만들어 낼 수 있다. 이러한 원리와 과정을 앞으로 보통사람 자기혁신 학교에서 펼쳐 보일 것이다.

보통사람 성공법칙

●

〈Step 4〉 자신의 이름을 걸고 도전하라!

　나는 보통사람의 상황이나 모습으로 시작하여 아직은 최고 전문가 되기 3단계 길목에 서 있다. 그동안 한 방향으로 굴려 온 나의 눈덩이는 점차 크고 단단해진 상태이다. 아직 내 앞엔 가장 험하고 급경사인 정상 봉우리만 남아 있지만 얼마든지 오를 수 있는 힘과 열정 그리고 노하우가 쌓인 상태이다. 여기까지 왔는데 못 오를 리도 없고, 앞으로 안 나갈 이유가 없다. 나는 내 앞에 있는 정상에 꼭 오를 것이다. 그리고 많은 우리의 보통사람들과 함께 다시 이 길을 수없이 오르길 간절히 소망한다.

자신만의 독특한 상품, 음식, 프로그램을
자신 있게 베팅하라

　똑같은 품목의 상품이나 교육이라도 그 사람의 능력이나 성향에 따라 그 효과나 결과는 모두 다르다. 남의 것이나 기존의 것에 움츠리고 기죽지 말라. 자신만의 창의적인 감각이나 개인적 특이성이 도리어 더욱 빛을 발하고 여러 사람의 인정을 받을 수 있다. 사람들은 획일화된 것보다는 특이하고 참신한 아이디어에 더 많은 호기심을 드러낸다.

똑같은 품목의 상품이나 교육이라도 확신을 가지고 열정적으로 드러내야 한다. 자신만의 독특성은 남이 저절로 알아주지 않는다. 나팔이라도 불듯이 큰소리로 여기저기 외치고 다녀야 한다. 그래야 사람들이 모여들고 자신도 더욱 신바람이 나서 더 큰 능력을 발휘할 수도 있게 된다. 현장에서 부딪치면서 현실적인 감각이나 깨달음으로 더욱 창의적으로 발전할 수 있는 계기를 만들 수도 있다.

이미 최고 전문가 되기 3단계에서 크고 작은 경험이나 성취감이 쌓인 상태이고 여러 사람으로부터 그 실용성과 참신성을 인정받고 있다. 더욱 과감하고 적극적인 자세로 앞으로 나아가려고 한다.

상품의 질이나 콘텐츠를 지속해서 개선하고 보완해 나가자

요즘 시대의 변화속도는 매우 빠르다. 특정 분야에서 한 가지 상품이 나오면 금세 또 다른 상품이 쏟아져 나온다. 잠시 멈칫대고 안주하는 순간에 금세 다른 사람에게 뒤처져 구시대의 유물이 될 수도 있는 것이다.

그렇다고 계속 새로운 것으로 변화를 주라는 것은 아니다. 그것을 개선하거나 창의적으로 변형해 보라는 것이다. 그러면 수요자가 보기에는 창의적으로 개선해 나가는 활력 있는 모습으로 비춰질 것이다. 그러한 자신의 행동은 자신의 삶에도 커다란 활력소로 작용하여 좋다.

나의 상품을 사회 전반에 런칭하고 제휴하자

지금까지는 작은 범위 또는 소규모 지역사회에서 자신만의 독특한 상품이나 프로그램을 활용해 보았다면 이제는 좀 더 배짱과 용기를 가지고 활동 스케일을 크고 넓게 펼쳐 볼 필요가 있다. 그만큼 자신의 역량도 커지게 되고 창의적인 활용도나 수익도 커지게 된다.

본 저자만의 참신성을 가진 건강학교 행복학교 교육상품도 모 일간지와 MOU를 체결하고 공동으로 진행하기로 하였다. 또한 유명한 SNS 교육채널과도 업무제휴를 통하여 나의 교육브랜드를 확장해 나가려고 한다. CBS의 '세상을 바꾸는 시간 15분'이란 자기개발 교육프로그램에도 「건강관리달인되기 - 15분의 놀라운 기적」이라는 이슈로 강연신청을 제안할 것이다.

위의 모든 것이 앞으로 계획하고 있는 것들이지만 어느 하나의 실현은 새로운 하나의 실현을 위한 전초전이 될 것임에 틀림없다. 이것은 하나의 도미노가 수십 수백 개의 도미노를 넘어뜨리는 성공원리와도 같은 것이다.

1차 출판에 이은 창의적인 개정판으로 나를 브랜드화하자

일정 기간 동안 자신의 비결이나 지식이 쌓이면 그것을 깊이 있게 정리도 할 겸 책을 출판해 보는 것이 필요하다. 처음엔 책을 쓴다는 것은 규모가 큰 작업일 수 있다. 그러나 한두 번 출판 경험을 해 본다면 그다음부턴 그리 어려운 일이 아닐 수 있다.

그동안 충분한 경험이나 쌓아 놓은 지식이나 비결이 분명하다면 그것을 잘 정리하고 매일 일정한 분량을 정하여 써 나가다 보면 어느새 완성된다. 책을 쓴다는 것은 그동안 자신의 전문적 역량을 더욱 깊이 있게 강화하는 계기도 될 수 있으며 그것을 사회에 알리는 결정적인 기회가 될 수 있다. 또한 일상 삶의 목표가 분명해지고 열정적인 삶을 살아가는 데도 큰 도움을 준다.

위의 내용은 특정 분야에서 최고 전문가가 되기 위한 로드맵 개요 정도에 불과하다. 막상 읽어 보면 누구나 알 수 있고 이해할 수 있는 내용이다. 단지 복잡하고 얽혀져 있는 수많은 자기 변화나 성공 관련 지식을 한눈에 보기 쉽도록 순서화해 놓은 것이다.

중요한 것은 목표성취의 주인공인 당신과 도움을 주고자 하는 성공역량개발 코치가 서로서로 열정과 격려를 주고받으며 끝까지 완주해 보는 것이다. 우리 모두가 함께 공유하고자 하는 행복하고 성공적인 삶을 만들기 위해서 가장 중요한 것은 마음 먹기 나름이다. 마음을 게을리 먹거나 부정적으로 먹으면 영영 불가능할 수도 있고 마음을 긍정적이고 적극적으로 먹으면 곧바로 가능할 수도 있다.

당신과 당신 가족이

행복하고 성공적인 삶을 살아가기를 진심으로 바란다!

	8장 Happy & Successful My Life를 위한
중요 내용 정리	
창의적 활용 의지	

3부

나의 성공역량 실천 편

이젠, 나의 성공스토리를
만들어 나가자!

이젠 자신의 행복하고 성공적인 삶을 위해
당신이 실천할 차례다.
행복하고 성공적인 삶을 개척해 나가는
당신만의 이야기를 써 보자!

　세상에는 나보다 명예나 경제적인 성공을 한 사람들이 널브러져 있다. 내 생각보다 훨씬 세련되고 깊이 있는 지식이나 노하우들이 산더미처럼 쌓여 있다. 스마트폰이든 컴퓨터에서 원하는 만큼의 지식이나 성공적인 삶을 살아가는 사람들의 모습, 강연, 지식 등을 접해 볼 수 있다. 우리는 그러한 사람들처럼 좀 더 행복하고 성공하고 싶어 한다. 그런데 현실은 원하는 대로 되지 않는다. 남에 대한 부러움은 단지 갈망의 물거품으로 끝날 뿐이다.

　사람의 심리는 하루에도 수십 번 변한다. 좋다가도 싫고, 기쁘다가도 슬프다. 힘이 생겼다가도 금세 의욕이 온데간데없이 사라져 버린다. 우리 보통사람들의 마음은 약하다. 심지어는 게으르기까지 하다. 그리고 금세 편하고 흥미 위주의 대중문화 속에 흡수되거나 답보적인 삶의 매너리즘에 빠져 버린다.

고도화되어 가는 4차 혁명의 알고리즘은 이러한 대중의 심리를 한층 이용하여 막대한 부를 축적해 나간다. 점차 우리의 보통사람들은 내가 누군지 내가 뭘 어떻게 해야 할지 정체성을 잃어버리기 일쑤고, 그러다가 그나마 남아 있던 작은 열정까지 잃어버린다.

내가 진정으로 필요한 것은 내적인 열정이나 동기부여이다!
무엇이든 해낼 수 있는 성취인으로 자신을 혁신시켜 나가자!

우리는 어떻게 더욱 건강한 몸으로 에너지를 충전할 수 있을지? 어떡하면 행복한 마음을 가꾸며 살아갈 수 있는지? 어떡하면 작은 목표를 시작으로 큰 목표를 향하여 희망을 안고 살아갈 수 있는지? 등을 이미 알고 있다. 또한 원한다면 어디서부터든 그 비결이나 팁을 얻을 수 있다.

이제부턴 육체의 편함이나 흥미 중심의 대중문화 메커니즘 속에 빠진 자신의 정신과 정체성을 밖으로 끄집어내야 한다. 그 방법은 무엇인가? 본서에서 제시하는 건강한 삶, 행복한 삶, 자기혁신을 위한 삶을 위한 방법을 진정성과 열정을 가지고 실천해 보자. 그래서 아무리 작은 것이라도 스스로가 해냈다는 행복감, 성취감을 느껴 보는 것이 중요하다.

내가 이 사회에서 꼭 필요한 존재이고 난 무엇이든 해낼 수 있다는 자신감이 필요하다. 이젠 주변의 것에 부러워하거나 기웃대지 말자. 나만의 건강한 삶 이야기, 나만의 행복한 삶 이야기, 나만의 혁신적인 삶 이야기를 써 내려가 보자!

우리 모두가 함께 행복해하는 사회를 만들기 위하여 지혜와 열정을 모으자!

9장

자신만의 성공스토리를 만들어 나가자

―――

용기와 희망을 주는 RPD-2C 4단계 보통사람 성공법칙

Ready	▶ 내적 충전하기 (자기신뢰와 사랑)	
Plan	▶ 목표 세우기	용기와 희망을 주는 4단계 성공역량개발
Doing	▶ 실천하기 (1일 실천점검표)	
Check Cheer	▶ 점검하고 개선하기	
	▶ 격려하고 열정주기	

RPD-2C 4단계 보통사람 성공법칙은 책의 앞부분에서 자세히 설명하였으니 참고하길 바란다.

나는, 내 안의 잠재된 무한능력을 의심치 않고

내 자신을 진정으로 사랑하기에 나는 꼭 성공할 것이다!

지금 당장, 좋은 습관의 씨앗을 하나씩 하나씩 심어 나가자.

풍성한 열매를 맺는 크고 멋진 나무로 성장할 것이다!

-

자신의 생활영역별 목표를 하나씩 채워 나가자

생활영역별 장·단기 목표목록 만들기					
*5(매우 중요)-4(중요)-3(보통)-2(천천히 실천)					
업무생활	중요도	실천 여부	가정생활	중요도	실천 여부
1.			1.		
2.			2.		
3.			3.		
4.			4.		
5.			5.		
친구·인간관계	중요도	실천 여부	취미·특기	중요도	실천 여부
1.			1.		
2.			2.		
3.			3.		
4.			4.		
5.			5.		

작은 목표로 하루가 즐겁고 큰 목표로 인생이 즐겁다. 작은 목표라도 없으면 하루하루가 생산적이거나 창의적인 것과는 아예 무관한 무료한 하루하루가 된다. 그렇다면 1달 1년이 지나고 수십 년이 지나도 변화가 없을 수 있다. 도리어 시간의 흐름이 퇴보의 시간이 될 수 있음을 생각한다면, 지금 당장 목표를 세우는 것부터 해야 한다.

나의 변화나 가족의 작은 변화를 위해 작은 목표를 세우고 실천하다 보면 자신부터 힘이 날 뿐만 아니라 가족들도 활력이 넘치고 대화도 많아지고 더욱 행복해지게 된다. 나의 경험으론 하루하루의 작은 에너지가 모이면 저절로 큰 목표를 세우고 큰 희망을 향해서 나아갈 힘과 아이디어가 생긴다. 큰 목표로 성공적인 삶을 살아가기 위해서는 대단한 지식이나 누군가의 도움보다는 자신 속에 잠재된 능력을 일깨워주는 일이 중요하다.

똑같은 사람이라도 힘도 없이 녹슨 마음에선 세상엔 해낼 일이 하나도 없다는 생각이 들 수도 있고, 반대로 자신감과 열정을 가진 상태에선 세상에서 못 해낼 일은 없다는 생각이 들 수 있다. 일상의 작은 목표로 충전되고 행복한가? 그러면 이미 당신의 마음속엔 큰 목표와 희망을 향한 씨앗이 자라나고 있는 것이다.

일상의 작은 목표는, 위의 목표 세우기 목록에서처럼 업무 관련 목표, 가정생활 관련 목표, 자기 변화나 자기계발 관련 목표, 기타 목표 등으로 분류할 수 있다. 다시 말하면 자신의 변화나 가족의 삶을 개선해 나가는 데 조금이라도 도움을 줄 수 있는 일이라면 아무리 사소한 것도 좋은 목표가 될 수 있다.

처음엔 작고 사소한 목표를 갖고 성취하는 연습을 하다 보면 점차 큰 목표를 세우고 힘차게 성취해 낼 수 있는 대단하고 멋진 성취인이 될 수 있는 것이다.

●

일일실천 점검표 체크로
성취인의 실천역량을 키우자

월	★ 목표 ①				★ 목표②						....	실천도
	* 실천 매우 잘함(◎), 실천 잘함(○), 보통(△), 실천 못 함(×)											
구체적 실천항목 세부내용 정하기	수	목	금	토	일	월	화	수	목	금		
	1	2	3	4	5	6	7	8	9	10		
1												
2												
3												
4												
5												

　일일실천 점검표는 자신의 하루하루를 되돌아볼 수 있는 거울이고 자신을 이끌어 줄 수 있는 망망대해의 등대와도 같다. 일일실천 점검표를 벽에 붙이고 매일의 실천 정도를 표시만 해도 자신의 꾸준한 실천을 강하게 촉진할 수 있다. 크고 중요한 실천목표는 1가지이고 구체적인 실천항목은 3가지 이내로 해야 한다.

한 번에 무리하게 크고 중요한 여러 가지를 실천하려고 하면 작전 실패로 성취감, 열정, 목표 등 모든 것을 잃게 될 것이다.

일일실천도 표시는 매우 잘 실행함(◎), 잘 실행함(○), 보통임(△), 실행 안 함(×) 등으로 하면 효과적이다. 네 가지의 실천도 표시는 매일매일 스스로 반성도 하게 하고 자신감도 느끼게 하면서 희망을 품고 꾸준하게 실천해 나갈 수 있는 성취욕구를 북돋아 준다.

처음에는 실천도가 50% 미만일 수도 있다. 그러나 계속된 시도를 하다 보면 누구든지 변화된다. 한 달 30일 중에서 80% 이상을 실천했을 때의 성취감을 여러 번 맛보다 보면 완전히 새롭게 혁신된 사람으로 변화되어 나갈 것이다.

큰 목표 1개에 구체적인 작은 하위목표 몇 가지를 정한다

예를 들어 10월에 건강한 몸 만들기라는 큰 목표를 정했다고 하면 '매일 집에서 러닝머신 10분 이상 하기, 팔굽혀펴기 20번 이상 하기, 퇴근 시 세 정거장 전에 내려 천천히 뛰어서 집에 오기, 퇴근 후 세면 시 따스한 물에 족욕하기' 등으로 하는 것이다. 1개의 중요한 목표가 습관화되면 새로운 큰 목표와 함께 병행해서 실천하면 된다. 따라서 처음부터 크고 중요한 목표를 2개 이상하면 안 된다.

하루하루 성취감을 느끼지 못하면 아무리 작은 목표라도 작심삼일이 되어 제대로 실천할 수 없는 것이다. 일상생활의 작은 목표나 계획조차도 끝까지 마무리 짓고 성취감을 맛보지 못하면서 행복하고 성공적인 삶을 살아가기는 불가능하다.

일일실천도 체크법은 나약하고 게으른 인간의 본성을 극복하고 긍정적인 자아가 자신을 통제할 수 있는 결정적인 힘을 제공해 준다. 이것만 잘 활용해도 그 어떠한 일이나 목표도 중간에 멈추지 않고 끝까지 완성해 나갈 수 있다. 사소해 보이는 것이지만 대단히 삶의 지혜로운 도구인 것이다. 목표실천에 대한 일일실천 점검표는 언제나 나의 마음을 곧게 서게 해 준다.

●
매일 성공일기로 자신을 개선해 나가자

월 일( ) Happy-Successful 성공일기	월 일( ) Happy-Successful 성공일기
오늘 플러스 실천내용/반성	오늘 플러스 실천내용/반성
내일 플러스 → *교정 *개선 *창의	내일 플러스 → *교정 *개선 *창의

매일 일기를 쓰는 사람도 있지만 여기서의 일기는 나의 성공 일기이다. 즉 의도한 바나 결과적인 열매의 차이가 크다. 그달의 중요한 목표와 그 목표를 달성하기 위한 세부적인 실천사항에 관련된 자기 생각이나 실천도를 점검하며 하루를 반성하는 마음 관리 기록장이다.

기록하는 내용은 부정적이고 못한 부분을 질책하기보다는 잘한 점을 스스로 칭찬해 주며 자신에게 용기와 힘을 북돋아 주는 말을 주로 쓰면 좋다. 그리고 좀 더 보완하고 개선할 점을 중심으로 기록해 나간다. 이렇듯 하루하루 스스에게 용기를 주고 감사하는 마음을 갖는 것만으로도 자신을 사랑하고 자신의 잠재된 능력을 일깨워 주는 데 엄청난 효과가 있다.

세부적인 내용도 추상적인 느낌이나 생각보다는 하루하루 있는 그대로의 행동이나 마음 상태를 기록한다. 구체적인 보완이나 개선점을 스스로 제시한다면 창의적인 생각으로 하루하루를 살아갈 수 있는 실천력을 얻게 된다.

본 저자의 '보통사람 성공법칙'도 보통사람들을 위한 사명감에서 하나하나 아이디어를 모아온 것이다. 매일매일 자신의 개선점이나 새로운 아이디어를 모아 가면서 이루 말할 수 없는 큰 성취감을 느꼈다.

●

자신만의 삶의 철학과 좌우명을 만들어 나가자

	1.좋은 습관이 모이면, 어떤 큰 성공도 이루어진다!
happy MY 성공 철학	2.모든 문제엔 반드시 창의적인 방법이 존재한다!
	3.
	4.

우리가 얼핏 겉으로 보기에는 잘 살아간다는 것에는 정답이 없다고 생각할지는 모르지만, 사실은 아니다. 다시 말해서 후회 없는 삶을 살고 못 살고는 삶을 살아가는 철학의 문제이다.

젊은 시절부터 아니, 지금부터라도 어떻게 살아갈지를 생각하고 그 철학에 맞게 살아가려는 사람은 올곧이 생각한 목표만을 향해서 살아가기 때문에 특별히 후회할 것도 실패할 일도 없을 것이다. 이와 반대로 어떻게 살아가야 할지를 정하지 않고 살아간다면 어떨까? 수많은 삶의 방향이나 방법이 있을 텐데, 매사에 고민하다 두서없는 삶을 살아갈 가능성이 클 것이다.

세상엔 정답이 없다고는 하지만 좀 더 효과적이고 창의적인 방법은 존재한다. 그러니 세상은 끊임없는 변화나 발전을 하는 것이다. 삶의 철학이란 살아가면서 좀 더 건강한 삶, 좀 더 행복한 삶, 좀 더 성공적인 삶에 대한 기준을 제시한다. 내가 어떠한 자세로 어떠한 방식으로 살아갈 것인가를 결정하는 문제이기 때문에 매우 중요한 것이다.

삶의 철학도 철학을 위해 존재하는 것이 아니라 삶의 질을 향상시켜 나가기 위해서 존재하는 것이다. 따라서 추상적인 철학보다는 자기 삶의 문제 즉, 좀 더 건강한 삶, 좀 더 행복한 삶, 자기혁신으로 좀 더 성공적인 삶에 관한 것이어야 한다. 그러한 과정에서의 확신이나 믿음을 글귀로 만들어 나가자. 자신만의 삶의 철학이자 자신이 어려울 때 그를 극복해 나가는 정신적인 지주가 될 수 있다.

본 저자도 몰입걷기나 일상생활 속에서 삶의 목표나 방식에 대한 아이디어나 확신이 갑자기 떠오르곤 한다. 그것을 여러 번 되새겨 보면서 마음정리를 해 본다. 그러면 '아아 맞아 그렇지' 라고 확신이 강해진다. 결국 그것은 삶의 중요한 철학이 되어 나의 생활 태도를 곧고 서게 해 주거나 하루하루의 삶에서 성취

욕구를 북돋아 주었다. 지금껏 크고 작은 나의 생산적이고 창의
적인 삶의 결과물들은 모두 그러한 삶의 철학으로부터 힘을 얻
어 실행에 옮긴 것이다.

-

나만의 성공법칙을 하나하나 만들어 나가자

우리는 책이나 강연에서 세계적으로 성공한 사람들의 명언, 법칙, 노하우 등을 많이 접하게 된다. 그를 통해서 삶의 에너지를 충전하거나 어떤 일을 의욕적으로 하게 되는 동기부여가 되기도 한다. 더욱 나은 자신의 개발을 위한 좋은 방법이다. 그러나 이는 주로 명확한 목적성을 가지거나 매우 강한 집착력을 가진 사람의 상황에 해당한다. 대부분 사람은 잠시 그때는 일정한 자극이나 계기를 부여받는 것처럼 보이지만 되돌아서면 금세 사라지고 만다. 좋은 동기를 부여받고 다시 원점으로 돌아가는 식이 반복되는 것이다. 그래선지 자기계발서가 한창 인기를 얻다가 다시 인기가 시들해진 이유일 것이다.

우리는 책이나 강연에서 세계적으로 성공한 사람들의 명언, 법칙, 비결 등을 많이 접하게 되는데 이는 외부적인 충전이다. 대부분의 성공한 사람들은 내부적인 충전을 통해 강한 성취 욕구를 키운 사람들이다. 아무리 대단한 명언이나 법칙이라 하더라도 자신의 일상의 삶에서 자신이 직접 체험하여 다른 사람에게 자랑하거나 알려주고 싶은 정도의 것이 아니라면 아무런 소용이 없다.

아무리 작은 것이라도 자신의 경험으로 발견해 내거나 확신하는 것이어야만 가치가 있다. 일상적인 삶의 문제나 방식에 대해 자신만의 독특한 시각으로 문제를 해결해 보는 습관훈련이 중요하다. 이를 통해 설사 대단한 것은 아니더라도 자신만의 비결이나 법칙을 발견해 나가자. 새롭게 자신이 혁신되는 시발점이 될 것이다. 아무리 대단한 외부적인 충전보다도 내부적인 충전이 훨씬 영향력이 크다.

행복하고 건강하고 성공적인 삶을 만들어 나갈 수 있는 자신만의 법칙이 있는가? 살아가다 보면 수많은 삶의 문제에 직면하게 된다. 이는 크게 인간관계의 문제, 건강관리의 문제, 경제적 문제 등으로 구분하여 분류할 수 있다. 삶에서 발생할 수 있는 많은 문제를 쉽고 효과적이며 발전적으로 해결해 나갈 수 있는 자신만의 삶의 방식, 법칙, 가치관 등을 만들어 놓는다면 행복하고 성공적인 삶을 살아가는 데 큰 도움이 될 것이다.

나는 몰입사고를 통한 창의적 아이디어와 그에 대한 실천경험으로 나만의 지혜법칙, 성공법칙을 여러 개 만들어 왔다. 주로 인간관계, 건강관리, 삶의 원리 그리고 나의 변화와 혁신을 위한 성공법칙에 관한 것이다.

책의 여러 부분에서 제시되겠지만 '몰입을 통한 아이디어 발상법, 행동 우선주의 벌떡 철학, 10-15-20 체력충전 법칙, 나만의 감성소통법, 4단계 보통사람 성공법칙, 그외 책에 쓰인 모든 내용' 등은 단순히 누군가의 강연이나 책의 내용을 옮겨 놓은 것은 전혀 없다. 나만의 몰입, 경험, 깨달음, 마음정리 등을 통하여 하나하나 습관화해 온 것들이다. 그리고 이 모든 요소는 행복하고 성공적인 삶을 위한 나의 인생에 큰 디딤돌이자 밑거름이 되고 있다.

나만의 지혜법칙, 성공법칙이란 것이 당장 돈을 많이 벌고 경제적인 대단한 성공을 의미하는 것은 아니다. 나와 가족이 건강

하고 행복한 삶을 유지하고 나 자신을 지속적으로 발전시켜 나
갈 정도라면 충분하고도 훌륭하지 않을까?

다시 한번 당신과 당신 가족이

행복하고 성공적인 삶을 살아가기를 진심으로 바란다!

보통사람 성공법칙-신바람 실천운동
전국 네트워크를 만들어 나가자!

고도의 첨단화된 기술이나 지식의 변화에 뒤처지거나 적응해 나가지 못하는 상당수의 보통사람의 삶이 벼랑으로 내몰리고 있어서 매우 안타깝다. 사람다운 세상을 위한 기술 진보가 아니라 소수의 편의와 부의 극단적인 편중을 가속하는 방향으로 급선회하고 있다. 사람이 아닌 철저하게 기술 우위, 자본 우위를 표방하며 인간다움의 정이나 공동운명체의 행복관을 송두리째 뽑아 없애려고 하고 있다.

사회의 대부분을 구성하고 있는 우리의 보통사람들이 세련된 4차 혁명의 기술이나 지식으로 무장하기는 쉽지 않다. 그렇다고 보통사람들이 일상의 답보적이고 순응적인 삶만을 반복한다면 더 이상의 사회적인 존재가치를 잃어버릴지도 모른다. 4차 혁명의 부산물에 불과한 자본과 기술의 부속품으로 전락하고 말 수도 있다.

그러나 희망은 있다. 누가 뭐래도 세상은 사람이 그 주체이며 사람다움을 간절히 원하고 있다. 단지 그러한 목소리가 작아지다 보니 다들 움츠리고 있다. 돈이 먼저인가? 기술이 먼저인가? 아주 극소수의 기술과 자본가들의 향락이 이사회의 인간다움을 되살려 나갈 수 있는가? 아니다. 대다수를 구성하고 있는 보통 사람들만이 이 사회의 주인공이고 우리 사회를 인간다운 공동체로 만들어 나갈 수 있다.

우리의 보통사람들이 좀 더 건강한 삶을 위해 행동하고, 좀 더 행복한 삶을 위해 의식을 깨우고, 좀 더 창의적인 삶을 위해 자기혁신을 해나가야 한다. 하나하나의 의식과 열정이 뭉쳐진다면 우리의 보통사람들이 이 사회의 주체가 되는 행복공동체 사회를 만들어 나갈 수 있다.

거창한 목표를 떠나서 일상의 작은 삶의 방식이나 의식을 조금씩 변화시키고 혁신시켜 나가야 한다. 그러면 이 사회 대다수 구성원인 보통사람들도 4차 혁명 기술의 편의를 누리며 행복하고 성공적인 삶을 살아갈 수 있다.

우리 민족은 신바람 민족이다. 우리 민족은 정과 사랑의 민족이다. 예전에 새마을운동이라는 나라사랑, 마을사랑으로 똘똘

뭉쳐 모두가 함께 잘살아 보기 위해 신바람 운동을 일으켰다. IMF 시대에는 온 국민이 우리라는 국가공동체를 위해 뜨거운 열정으로 뭉쳤다. 다시 한번 그 아름다운 신화를 만들어 나가자.

작은 불씨가 넓고 큰 들판을 모두 태우듯이 보통사람 성공법칙을 실천하는 +1자기혁신 신바람 운동이 전국을 따스하고 아름답게 만드는 그 날까지 신명을 바쳐 노력할 것이다.

이 아름다운 큰 뜻을 당신과 함께하기를 간절히 소망한다.

보통사람
성공법칙

ⓒ 이두용, 2021

초판 1쇄 발행 2021년 4월 15일

지은이   이두용
펴낸이   이기봉
편집   좋은땅 편집팀
펴낸곳   도서출판 좋은땅
주소   서울 마포구 성지길 25 보광빌딩 2층
전화   02)374-8616~7
팩스   02)374-8614
이메일   gworldbook@naver.com
홈페이지 www.g-world.co.kr

ISBN   979-11-6649-617-2 (03190)